激励员工

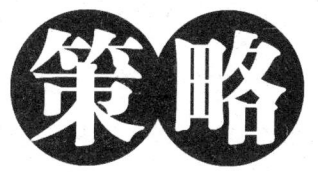

策略

张其金◎编著

中国商业出版社

图书在版编目（CIP）数据

激励员工12策略/张其金编著. -- 北京：中国商业出版社，2016.7

ISBN 978-7-5044-9497-9

Ⅰ.①激… Ⅱ.①张… Ⅲ.①企业管理－人事管理－激励－方法 Ⅳ.①F272.92

中国版本图书馆CIP数据核字(2016)第163564号

责任编辑：陈鹰翔

中国商业出版社出版发行

010-83128286　www.c_cbook.com

(100053 北京广安门内报国寺1号)

新华书店总店北京发行所经销

北京市梨园彩印厂

*

720×1000毫米　16开　18印张　200千字

2016年8月第1版　　2016年8月第1次印刷

定价：42.80元

****

(本书若有印装质量问题，请与发行部联系调换)

前 言

激发员工的行为方式

你并不能影响人们的动机,你能做的仅仅是影响他人有动机去做事情。从一个经理人的角度来思考动机问题时,意识到这一点是非常重要的。

在很多年前,我就曾经说过:"激励是指能够激发行为、引导行为的方向,并且使行为持续发生的动力。激励过程可以用于自己,也可用于让他人付出努力。个人利益在激励中扮演了重要的角色。如果一个企业要加快发展的步伐,更具竞争力的方法其实很简单,就是释放员工的活力、智慧、纯真与自信。"

事实确实如此!成功的企业不仅要有优秀的人才,更重要的是要有成熟有效的人才激励机制。一个企业只要有了这种机制,就能表现出客观的分析态度、敏锐的观察力和高度的判断力。

许多情况下,我们无法达成所定的目标,是因为我们无法坚持下去。或者是做到一半就放弃,或者是在最后关头突然放弃了,有的人甚至是用降低标准来求得自我满足。

之所以出现这样的现象,就是因为我们从未尝试着自我激励。其实,这点对于从事公共事务、推销和经商等工作的人来说,尤其重要。

我曾经讲过这样一个故事，1997年，我在国际企业战略网认识一个年轻的推销员，他所领导的团队有着一个宏伟的目标。当他达到这一目标时，我问他是怎样做的时候，他说："当我在了解人性需要的基础之后，我就制定了恰当的激励策略，因为激励具有特殊的规律性，要有效地激励员工去实现企业的目标，管理者必须了解人们的各种需求，恰如其分地进行激励。"在他看来，这个恰如其分的激励主要就是采用以下激励策略。

激励策略一：信任激励法

一个社会的运行必须以人与人的基本信任做润滑剂，不然，社会就无法正常有序地运转。信任是人体自信力爆发的催化剂，自信比努力更为重要。信任激励是一种基本激励方式。干群之间、上下级之间的相互理解和信任是一种强大的精神力量，它有助于团体人与人之间的和谐共振，有助于单位团队精神和凝聚力的形成。

领导干部对群众信任体现在相信群众、依靠群众、发扬群众的主人翁精神上；对下属的信任则体现在平等待人、尊重下属的劳动、职权和意见上，这种信任体现在"用人不疑，疑人不用"上，而且还表现在放手使用上。刘备"三顾茅庐"力请诸葛亮显出一个"诚"字；魏征从谏如流，得益于唐太宗的一个"信"字。这都充分体现了对人才的充分信任上。只有在信任基础之上的放手使用，才能最大限度的发挥人才的主观能动性和创造性。有时甚至还可超水平的发挥，取得自己都不敢相信的成绩。

激励策略二：职务激励法

一个德才兼备、会管理、善用人、能够开辟一个部门新局面的

前 言

可造就之才,就应把握实际需要、扬长避短,及时地提拔重用,以免打击了"千里马"的积极性,作为一名单位的领导就是要有识才的慧眼,千万不能因领导者自身的私利,而对身边的人才"视而不见"、"置之不理"。压制和埋没人才只能是我们的社会主义事业蒙受损失。为官一任,就要造福一方,作为领导一定要有"有胆识虎龙,无私辨良才"的胆识,求才,用才,惜才,育才;给虎以深水,而非让其误陷深潭;给虎以深山,而非逼其入平川,使"虎、龙"各尽其能,各展其技,这才能齐聚本地贤士、广纳八方英才。对于在实践检验中确属"真金"者,引入竞争和激励机制,要及时地给任务压担子,形成"优秀干部有成就感,平庸干部有压力感,不称职干部有危机感"的良性循环。

职务激励要按照党的组织原则程序,对后备干部给予考察、培养、选拔和任用,要坚持党委会集体研就制度,防止干部任用上的"一个人说了算"。

激励策略三:知识激励法

随着知识经济的扑面而来,当今世界的日趋信息化、数字化、网络化。知识更新速度的不断加快,干部队伍中存在的知识结构不合理和知识老化现象也日益突出。这就需要领导干部一方面在实践中不断丰富和积累知识,另一方面也要不断地加强学习,树立"终身受教育"的思想,变"一时一地"的学习,为"随时随地"的学习;对单位一般员工可采取自学和加强职业培训的力度;对各类人才也可以进行脱产学习、参观考察,进党校高等院校深造等激励措施。作为一个跨世纪的人才也应掌握必要的外语和计算机知识,能够利用因特网获得各类信息(本单位也应建立高效率的信息情报网络),各级各类人才只有在

"专"和"博"上下工夫，不断提高自己的思想品德素质、科学文化素质、社会活动素质、审美素质和身心素质，使其能够成为"T"型或"A"型人才，才能适应时代对干部队伍，对人才素质的要求。知识激励是人才管理的一个重要原则。

激励策略四：情感激励法

情感是影响人们行为最直接的因素之一，任何人都有渴求各种情绪的需求。按照心理学上的解释，人的情感可分为利他主义情感、好胜情感、享乐主义情感等类型，这也需要我们的领导干部不断地满足群众、满足各类人才日益增长的物质文化的需求。这也要求我们的领导干部要多关心群众的生活，敢于勇于说真话、动真情办实事在满足人们物质需要的同时，要关心群众的精神生活和心理健康。提高一般员工和各类人才的情绪控制力和心理调节力。对于他们产生的事业上的挫折、感情上波折、家庭上裂痕等各种"疑难病症"，要给予及时"治疗"和梳导，绕弯子，解扣子，要大力开展社会公德、职业道德和家庭美德教育，以建立起正常、良好、健康的人际关系、人我关系、个人与群众的关系；以营造出一种相互信任、相互关心、相互体谅、相互支持、互敬互爱、团结融洽的同志氛围、朋友氛围、家庭氛围；以切实培养人们的生活能力和合作精神，增强对本单位的归属感。

激励策略五：目标激励法

目标是组织对个体的一种心理引力。所谓目标激励，就是确定适当的目标，诱发人的动机和行为，达到调动人的积极性的目的。目标作为一种诱引，具有引发、导向和激励的作用。一个人只有不断启发对高目标的追求，也才能启发其奋发向上的内在动力。正如一位哲人所说"目标和起点之间隔着坎坷和荆棘；理想与现实的矛盾只能用奋斗去统一;困难,会使弱者望而却步,却使强者更加斗志昂然;远大目标不会像黄莺一样歌唱着向我们飞来,却要我们像雄鹰一样勇猛地向它飞去。只有不懈地奋斗,才可以飞到光辉的顶峰。

在目标激励的过程中,要正确处理大目标与小目标,个体目标与组织目标、群体目标,理想与现实,原则性与灵活性的关系。在目标考核和评价上,要按照德、能、勤、绩标准对人才进行全面综合考察,定性、定量、定级,做到"刚性"规范,奖罚分明。

激励策略六:荣誉激励法

从人的动机看,人人都具有自我肯定、光荣、争取荣誉的需要。对于一些工作表现比较突出,具有代表性的先进人物,给予必要的精神奖励,都是很好的精神激励方法。对各级各类人才来说激励还要以精神激励为主,因为这可以体现人对尊重的需要。在荣誉激励中还要注重对集体的鼓励,以培养大家的集体荣誉感和团队精神。

激励策略七:行为激励法

人的情感总受行动的支配,而人的激励又将反过来支配人的行动。我们所说的行为激励就是以目标对象富有情感的行为情感来激励他人,从而达到调动人的积极性的目的。我们常讲榜样的力量是无穷的,就是每个典型人物的行为,能够激发人们的情感,引发人们的"内省"与共鸣,从而起到强烈的示范作用,就像一面旗帜,引导人们的行动。

通过对上述激励策略的分析,我们还要认识到激励还要坚持效用最大化原则,即对不同的人采取不同的激励方式和激励频率。日本著名的企业家盛田昭夫曾说过:"对有功之人,应给予奖励,而不是地位,地位给予那些具有相应才华的人。"

基于此，本书就要想告诉大家，成功是由那些肯努力的人所取得的，并且为那些积极而不断努力的人所拥有着。当你在失败时，尝试一下自我激励，你会惊讶地发现原来成功就这么简单。

目 录

策略一　认识什么是激励

我说生命的确是黑暗的，除非是有了激励；一切的激励都是盲目的，除非有了知识；一切的知识都是无益的，除非是有了工作；一切的工作都是空虚的，除非是有了爱。当你爱工作的时候，你便与自己、与人类、与上帝连成一体。

什么是激励 ……………………………………………………… 3
激励的基本原则 ………………………………………………… 5
激励的作用 ……………………………………………………… 8
激励中的相关理论 ……………………………………………… 10
成就需要理论 …………………………………………………… 13
通晓不同类型人的假设 ………………………………………… 17
用企业文化激励员工 …………………………………………… 20

策略二　正确理解各种激励机制

激励机制是五个方面构成要素的总和。其中诱导因素起到发动行为的作用，后四者起导向、规范和制约行为的作用。一个健全的激励机制应是完整的包括以上五个方面、两种性质的制度。只有这样，才能进入良性的运行状态。

激励机制 ………………………………………………………… 25
组织目标体系 …………………………………………………… 28
诱导因素集合 …………………………………………………… 29
个人因素集合 …………………………………………………… 31
激励机制的作用和性质 ………………………………………… 33

激励员工12策略

策略三　自我激励

激励能鼓舞人们作出选择并从事行动。激励能够提供动因。动因仅仅是在个人体内的"内部催动"，例如本能、热情、情绪、习惯、态度、冲动、愿望或想法，能激励人行动起来。

激励由自己开始 …………………………………… 37
用激励别人的原则去激励自己 …………………… 39
天天替自己加油鼓气 ……………………………… 43

策略四　规避一无所知的激励

激励涉及了一个组织的各个方面，值得从各个角度进行深入的研究。只要创造一个能使员工感到是在为他们自己工作的环境，并使他们感到他们在工作中是与他人平等的合作者，就能提高员工的努力水平，进而提高组织的效率。如何实现"组织和个人利益的一致"是摆在每个管理者面前的课题。

激励造就人才 ……………………………………… 49
激励员工像管理者一样 …………………………… 51
得老板者得舞台 …………………………………… 59
让企业成为一个大家庭 …………………………… 69
时时惦记着员工 …………………………………… 76
把尊重做到一点一滴中去 ………………………… 79
适时为下属端上一杯茶 …………………………… 81
充分肯定优秀的工作 ……………………………… 87

目 录

策略五　通过工作本身来进行激励

许多管理专家认为，如果你能够让工作变得更加有趣，就不需要太多的外部激励，况且，仅仅依靠外部激励往往是不够的。通过有趣的工作来激励个人是基于内部激励的原理。内部激励是指能够满足一个人对于提高自己技能水平需要的程度的活动以及满足一个人自主决策需要的活动。人们并不是为了寻求外部回报，而是因为工作本身。

工作丰富化和打造工作 …………………………… 93
打造一个好的工作 …………………………………… 95
从内心深处激励员工 ………………………………… 98
用情感激励你的员工 ………………………………… 100
让员工有归属感 ……………………………………… 103
重视听取员工的意见 ………………………………… 108

策略六　自我激励的技巧

求知是一种本能，人类对知识的追求是破译成功之门的金钥匙，是带领我们从无知到有知、从少知到多知的拐杖。因此，员工内心对新知识、新技能的渴望将是他们自我激励的动力。

学习是自我激励的有效手段 ………………………… 115
发现能够提供内部激励的工作 ……………………… 118
获取有关工作绩效的反馈 …………………………… 121
把行为激励运用到自己身上 ………………………… 123
提高能够达到目标的相关技能 ……………………… 125
提高你的自我期望 …………………………………… 127
热爱自己的工作 ……………………………………… 130

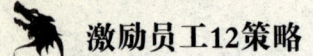

策略七　影响激励的个人因素

　　个人的差异对于经济奖励的激励效果会产生非常大的影响。认为金钱非常重要的人比不看重金钱的人更容易被经济奖励所激励。一个重要的影响因素是如果你很需要金钱的话，那么经济激励就很有效。但是当人们已经拥有足够多的钱可以买他们认为重要的东西以后，金钱的激励作用就会减弱。但是不同人对于生活必需品的定义却是千差万别的。比如，有些人认为拥有三辆车和两处住所是必需的，金钱对于这样的人具有持久的激励效果。

　　经济激励引发的问题 …………………………………… 135
　　将薪酬与工作绩效挂钩 …………………………………… 137
　　制定合理的薪酬策略 …………………………………… 140

策略八　不可缺少的股权式激励

　　如果你希望你的员工尽其所能把工作做得最好，如果你希望你的员工成为你最有价值的资产，那么，你应该让他们感觉并实实在在成为企业的所有者。

　　股权式激励 …………………………………………… 147
　　稳定高级人才的股票期权 ………………………………… 154
　　不可忽视的福利待遇 …………………………………… 159
　　年终奖作用非凡 ………………………………………… 163
　　保持行业中具有竞争力的薪酬 …………………………… 166

目录

策略九　目标激励所产生的业绩导向

在激励过程中最重要的是灌输目标的整个过程，这需要企业上下开诚布公地全面参与，使员工自觉将个人理想与企业目标联系起来。

目标设定的学习导向和业绩导向 …………………… 171
用目标来激励员工 …………………………………… 172
制定目标要"适度" …………………………………… 177
目标的强大期望动力 ………………………………… 179
让人才触摸到你的规划图 …………………………… 187
设计达到远景的过程 ………………………………… 190
人才为追求事业成功而战斗 ………………………… 192
为人才做个远期规划 ………………………………… 197

策略十　有效激励鼓舞团队士气

对组织来说，"激励"是维持其生命所必需的养分，如同水、空气、阳光和食品一样重要。没有"它"，组织活不下去；有太多的"它"，组织也会受不了。

赞美是无价的奖赏 …………………………………… 203
真爱无价的激励方式 ………………………………… 205
激励要及时适度 ……………………………………… 207
特殊激励技巧的运用 ………………………………… 212
激励也要适度 ………………………………………… 215
激励方式要富于变化 ………………………………… 221

策略十一　通过授权激励

一项可以激励员工的综合策略是通过允许员工参与和自己以及自己工作相关的决策来给予员工更多的权力。授权涉及将管理者的一部分与员工工作相关的权力转移给员工本人的过程。当分享权力的时候员工能够体验到更高的自我效能，以及对于工作的更多拥有感。因此，也可以把授权看做是通过分享权力提高自我效能，进而达到激励效果的过程。管理者与团队成员分享权力可以让员工自我感觉更好，因此能提高内部激励，同时提高工作绩效。

授权的心理作用 …………………………………… 225
授权的方法 ………………………………………… 227
授权的五项基本原则 ……………………………… 231
授权会议应遵循五个步骤 ………………………… 235
授权后不要随意干涉 ……………………………… 238

策略十二　灵活运用情感激励

员工的情感是一种亟待开发的人力资源，情感对员工的工作积极性以及人际关系、工作绩效具有重要的影响。成功的企业都非常关注员工情感上的细微变化，实施恰当的感情诱导，积极满足情感需求，努力增强企业的亲合力。

走进员工心灵的广场 ……………………………… 243
始终保留员工的个性空间 ………………………… 248
用情感管理留住人才 ……………………………… 251
情感投资是回报最大的投资 ……………………… 256
以情动人 …………………………………………… 259
与人才保持情感联络 ……………………………… 265

策略一
认识什么是激励

> 我说生命的确是黑暗的,除非是有了激励;一切的激励都是盲目的,除非有了知识;一切的知识都是无益的,除非是有了工作;一切的工作都是空虚的,除非是有了爱。当你爱工作的时候,你便与自己、与人类、与上帝连成一体。

什么是激励

人类一切美好的东西都来自太阳之光。没有太阳，花就不能开放；没有爱情，人类就没有幸福；没有女性，就没有爱情；没有母亲，就没有诗人和英雄。

而激励就如太阳、爱情、女性、母亲一样。

什么是激励呢？所谓激励，就是组织通过设计适当的外部奖酬形式和工作环境，以一定的行为规范和惩罚性措施，借助信息沟通，来激发、引导、保持和规范组织成员的行为，以便能有效地实现组织及其成员个人目标的系统活动。这一定义包含以下几方面的内容：

一、激励的出发点是满足组织成员的各种需要，即通过系统的设计适当的外部奖酬形式和工作环境，来满足企业员工的外在性需要和内在性需要。

二、科学的激励工作需要奖励和惩罚并举，既要对员工表现出来的符合企业期望的行为进行奖励，又要对不符合员工期望的行为进行惩罚。

三、激励贯穿于企业员工工作的全过程，包括对员工个人需要的了解、个性的把握、行为过程的控制和行为结果的评价等。因此，激励工作需要耐心。赫兹伯格说，激励员工应该锲而不舍。

四、信息沟通贯穿于激励工作的始末，从对激励制度的宣传、企业员工个人的了解，到对员工行为过程的控制和对员工行为结果的评价等，都依赖于一定的信息沟通。企业组织中信息沟通是否通畅，是否及时、准确、全面，直接影响着激励制度的运用效果和激励工作的成本。

五、激励的最终目的是在实现组织预期目标的同时，也能让组织成员实现其个人目标，即达到组织目标和员工个人目标在客观上的统一。

"激励"意味着什么？《韦氏新世界英语词典》说这个词的意思是"向别人提供积极性或以积极性影响别人"，而"积极性"一词意思是"促使一个人做事或以某种方式行事的内心的动力、干劲或意欲"。所以，激励涉及到如何激发一个人内心深处的东西即潜能。

现在人们似乎希望一种外力可使自己和周围的人朝着预定方向前进。但凡是由外力促成的行为，都不可能持久。这就像一辆汽车，有时有汽油，有时没有。汽油用完了，汽车要人推才能走，一不推，汽车马上失去动力，很快便停下来。但如果油箱中汽油常常是满的，车内的发动机就能不停地驱动汽车前进。

人和激励的关系也是这样。没有激励，人就很难动起来，更不可能鼓起干劲，也就很难发挥潜能。如果一个人不停地受激励驱动，他就能前进。安东尼·罗宾指出，要想成功，你必须学会调动别人内心深处的积极性让他们发挥潜能，你必须"给他们的油箱加油"。在一次调查中，他要求70位心理学家说出主管人员必须懂得的人性中的最关键的东西，有65％的人认为是"积极性"，就是使人行动起来的那种感受和认识。如果你不能调动别人的积极性，你就不能领导他们。如果你领导不了别人，那么你想做的一切事情都要由自己独立完成。

丁克威就是一个善于激励别人的人。

策略一
认识什么是激励

丁克威在南加大任篮球教练长达39年。其间培养了21位国家级球员，帮球队赢得全国冠军，球队中有13名世界记录保持者及数十位奥林匹克金牌得主。他的秘诀在于善于鼓励人，发掘人的长处，强调发挥人的主动性。

有一年在太平洋区的田径赛中，他带队参加4人接力赛决赛。队员先前在个人赛中都不幸败北，士气低落。并且只有1名是专跑接力的。他把4名队员召集在一起，决定对每个人加以真诚的鼓励。

他告诉第一位，他劲力够，一定会超过别队队员；第二名擅长障碍赛，因此在无障碍的接力赛中定能轻易超越；第三名是长跑接力，现在只跑四分之一里更能胜任；对第四名他说："你是顶尖的，跑给他们看！"队员奋力一试，果然夺得冠军。

激励胜于责难。丁克威的成功即在于此。做一个激励他人的人，做一个激发他人潜能的人，你就会无往不胜。

激励的基本原则

韩非子曰：人主之道，静退以为宝。君主的治国之术，以平静而谦让为珍宝。君主以"术"治国御臣的准则及方法：一是君主要坚守虚静；二是君主要审合形名（言与行、事与功是否相符）；三是君主要正确运用赏罚。

优秀的雇主懂得雇员的需求，并能以平静和谦和的态度和冷静有

激励员工12策略

度的原则处理问题,不轻易惩罚,也不随便奖赏,有礼有节的处理员工的各种工作问题。

平静是一种凝聚力,办企业不是搞运动,做市场也不是搞运动,管理优秀的公司总是很平静。平静,给员工以更多的安全感和归属感。

当你将员工个人职业生涯成长看成一种激励因素时,你就会改变他们看待工作的方式,你帮助他们提高技能,同时,你给他们即将从事的工作树立起一个有意义的目标。在这样的情况下,你就必须掌握激励的基本原则:

原则一:目标结合原则

在激励机制中,设置目标是一个关键环节。目标设置必须同时体现组织目标和员工的需要。

原则二:物质激励和精神激励相结合的原则

物质激励是基础,精神激励是根本。在两者结合的基础上,逐步过渡到以精神激励为主。

原则三:引导性原则

外化激励措施只有转化为被激励者的自觉意愿,才能取得激励效果。因此,引导性原则是激励的内在要求。

原则四:合理性原则

激励的合理性原则包括两层含义,其一,激励的措施要适度,要根据所实现目标本身的价值大小确定适当的激励量;其二,奖惩要公平。

原则五:明确性原则

激励的明确性原则包括三层含义,其一,明确。激励的目的是需要做什么和必须怎么做;其二,公开。特别是处理分配奖金等大量员工关注的问题时,更为重要。其三,直观。实施物质奖励和精神奖励时都需要直观地表达它们的指标,总结和授予奖励和惩罚的方式。直观性与激励影响的心理效应成正比。

原则六：时效性原则

要把握激励的时机,"雪中送炭"和"雨后送伞"的效果是不一样的。激励越及时,越有利于将人们的激情推向高潮,使其创造力连续有效地发挥出来。

原则七：正激励与负激励相结合的原则

所谓正激励就是对员工的符合组织目标的期望行为进行奖励。所谓负激励就是对员工违背组织目的的非期望行为进行惩罚。正负激励都是必要而有效的,不仅作用于当事人,而且会间接地影响周围其它人。

原则八：按需激励原则

激励的起点是满足员工的需要,但员工的需要因人而异,因时而异,并且只有满足最迫切需要(主导需要)的措施,其性价比才高,其激励强度才大。因此,领导者必须深入地进行调查研究,不断了解员工需要层次和需要结构的变化,有针对性地采取激励措施。

激励的作用

对一个企业来说,科学的激励制度至少具有以下几个方面的作用:

作用一:吸引优秀的人才到企业来

在发达国家的许多企业中,特别是那些竞争力强、实力雄厚的企业,通过各种优惠政策、丰厚的福利待遇、快捷的晋升途径来吸引企业需要的人才。

作用二:开发员工的潜在能力,促进在职员工充分地发挥其才能和智慧

美国哈佛大学的詹姆士(W.James)教授在对员工激励的研究中发现,按时计酬的分配制度仅能让员工发挥20%~30%的能力,如果收到充分激励的话,员工的能力可以发挥出80%~90%,两种情况之间60%的差距就是有效激励的结果。管理学家的研究表明,员工的工作绩效时员工能力和受激励程度的函数,即绩效=F(能力X激励)。如果把激励制度对员工创造性、革新精神和主动提高自身素质的意愿的影响考虑进去的话,激励对工作绩效的影响就更大了。

作用三:留住优秀人才

德鲁克(P.Druker)认为,每一个组织都需要三个方面的绩效:直接的成果、价值的实现和未来的人力发展。缺少任何一方面的绩效,

组织注定非垮不可。因此,每一位管理者都必须在这三个方面均有贡献。在三方面的贡献中,对"未来的人力发展"的贡献就是来自激励工作。

作用四:造就良性的竞争环境

科学的激励制度包含有一种竞争精神,它的运行能够创造出一种良性的竞争环境,进而形成良性的竞争机制。在具有竞争性的环境中,组织成员就会收到环境的压力,这种压力将转变为员工努力工作的动力。正如麦格雷戈所说:"个人与个人之间的竞争,才是激励的主要来源之一。"在这里,员工工作的动力和积极性成了激励工作的间接结果。

在优秀的团队里每一个队员都是赢家,管理者能够带领员工实现既定的目标,并能让员工与公司一同成长。

雇主(管理者)和员工结盟,就是要让员工明白"公司成长我成长""和公司共同成长"的道理。员工可以将个人目标和企业发展目标紧密结合,和公司共同成长,可以快速成就自己,通过自己的努力获得成功的经验和丰厚的薪资待遇。

优秀雇主和员工达成结盟的伙伴关系,需要执行的几个必要的工作:

1.提供学习和发展的机会

公司需要不断为员工提供各种培训和学习的机会,让员工快速熟悉公司业务,并通过他们的努力取得一定的成绩,同时保持有才能的员工拥有更多的成长机会。

2.确保所有的雇员都不是失败者

失败者会影响员工的创造性,保持所有的员工都是赢家,不断创

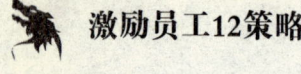激励员工12策略

造优秀的市场业绩，克服技术、销售和管理上的困难，成就员工的过程中也成就了公司。

3.开放式的沟通氛围

在企业里，雇员可以自由的获得他们所需要的信息，以帮助他们快速的实现个人能力和工作业绩的提升，公司拥有良好的智力平台和沟通氛围，使得每一个员工都能得到有效的信息支持，并能在最大程度上满足员工为客户提供服务。

激励中的相关理论

作为一位经理人，如果你想真正激励自己的员工，那你就必须明白他们做事的理由。你必须审视他们做事的目的和原因。他们并不会因为你和企业的目标而真正受到激励。员工们会问自己："做这件事对我有什么好处呢？"你应该事先知道这点，你应该找出员工的动机到底是什么，并促使他们把这种动机和组织的目标及行动结合起来，这是你的责任。当你做到了这一点，你就可以对每个员工在工作中的表现实施积极的影响了。为了真正地体现出这种影响力，你就必须掌握以下几种激励理论：

第一种激励理论：X理论

麦格雷戈1957年把传统的管理理论及其人性假设成为X理论。X理论对人性的假设是：

1. 一般人的天性是厌恶工作的，一有可能就逃避工作。

2. 因为人的天性是厌恶工作，必须对大多数人实行强制的监控指挥和用惩罚做威胁，使他们为实现组织目标做出适当的努力。

3. 一般人宁愿受到指挥，一心想逃避责任，相对来说没有进取心，要求安全高于一切。其结论是，多数人不能自我管理，因此需要另外的少数人从外部施加压力。传统的组织结构、管理政策、措施和计划都反映上述假设。通行的激励措施是一靠金钱刺激，二靠严厉惩罚。

第二种激励理论：Y理论

麦格雷戈认为传统的指挥和控制的管理哲学已不再适用于激励人，因此需要一种对人进行管理的不同的理论。麦格雷戈把自己提出的新的理论称为Y理论。

Y理论对人性的假设是：

1. 在工作中消耗体力和智力的努力像游戏或休息一样自然。一般的人并非天生就厌恶劳动。

2. 外部控制和惩罚的威胁不是使人们努力实现组织目标的唯一手段。人们在自己对目标负有责任的工作中能够实现自我指挥和自我控制。

3. 对目标负有责任是与成绩联系在一起的报酬的函数。其中，最重要的报酬，如自我意识和自我实现需要的满足，是努力实现组织目标的直接产物。

4. 在适当条件下，一般人是不仅能够学会接受责任，而且能够学会主动承担责任。逃避责任、缺乏进取心、强调安全感一般来说是经验的结果，不是人的天性。

5. 在解决组织问题方面，多数人而不是少数人具有发挥想象力，独创性和创造力的能力。

6. 在现代工业生活条件下，仅仅部分地利用了一般人的智力潜能。

麦格雷戈认为，Y理论的假定表明了人的成长和发展的可能性，从Y理论派生出来的组织原则是一体化原则，即"创造一种条件，是组织成员通过努力争取企业成功，以更好地实现个人目标"。所谓更好地实现个人目标，是指个人通过努力争取组织的成功来实现个人目标这一办法对个人来说比其它许多可选择的办法更有吸引力。

第三种激励理论：Z理论

大内（W.G.Ouchi）在1981年出版的《Z理论》一书中，对以美国文化为代表的西方文化和以日本文化为代表的东方文化进行了比较研究。他认为，每种文化都赋予其人民以不同的特殊环境，从而形成了不同的行为模式。组织文化是社会文化的亚文化，它对组织成员具有一定的激励作用。因此，组织发展的关键是创造出一种组织环境或氛围，使得具有高生产率的团体得以产生和发展。大内认为，美国企业应以美国的文化为背景，吸收日本式企业组织的长处，形成一种既能有高生产率，又能由高度职工满意感的企业组织（大内称为Z型组织），以迎接日本企业在国际市场上对美国企业的挑战。

第四种激励理论：超Y理论

莫尔斯（J.Morse）和洛希（J.W.Lorsch）于1970年发表的《超Y理论》一文，在复杂人假设的基础上，提出了超Y理论。

超Y理论的假设是：

1. 人们带着各式各样的需要和来到工作单位中，但主要的需要是取得胜任感。

2. 取得胜任感的动机尽管人人都有，但不同的人可以用不同的方式来实现，这取决于这种需要同一个人的其它需要的力量怎样起着相互作用。

3. 如果任务和组织相适合，胜任感的动机极可能得到实现。

4. 即使胜任敢达到了目的，它仍继续起激励作用，一俟达到一个目标后，一个新的、更高的目标就树立起来了。

超Y理论与复杂人假设的不同之处在于：超Y理论认为对人性的认识要因人而异，人和人不同。人们之中包含着不同的需要类型，当工作和组织设计适于这些需要时，他们就能很好地进行工作。复杂人假设则强调一个人的需要在不同的年龄阶段、不同时间和地点会有不同的表现。超Y理论体现出对人性认识的权变观。

成就需要理论

经理人需要了解是什么动力驱动员工去工作。你是否已经知道了答案呢？如果你让员工从事对组织来说很重要的工作，同时又能满足他们自己的需求，这等于是建立了一台起动器，你就会拥有一批更有动力、更愿意在工作中尽他们最大努力的好员工。

经理人应该使工作成为这么一个地方，在这里员工能自我感觉良好，同时其同事也应该在内心建立这种良好的感觉。当你的员工工作时,他们不可能抹除他们个性的一面,也就是他们的本性。当员工走进工作地的大门时,他们不希望因此而掩饰自己的本性。要使员工表现出色,你必须深入他们个性,或者说是深入考虑他们的本性,肯定其个性,并帮助他们实现自己的个人需求。

这就要从研究员工的成就需要开始。具体做法是:

1. 成就需要理论的基本含义

成就需要理论是麦克利兰(D.C.McClelland)于20世纪50年代在一系列文章中提出的。麦克利兰把人的高层次需要归纳为对权力、友谊和成就的需要。他对这三种需要,特别是成就需要做了深入的研究。

(1)权力需要。具有较高权力欲望的人对影响和控制别人表现出很大的兴趣,这种人总是追求领导者的地位。他们常常表现出喜欢争辩、健谈、直率和头脑冷静;善于提出问题和要求;喜欢教训别人、并乐于演讲。麦克利兰还将组织中管理者的权利分为两种:一是个人权力。追求个人权利的人表现出来的特征是围绕个人需要行使权力,在工作中需要及时地反馈和倾向于自己亲自操作,并提出一个管理者若把他的权利形式建立在个人需要的基础上,不利于他人来续位。二是职位性权力。职位性权力要求管理者与组织共同发展,自觉地接受约束,从体验行使权力的过程中得到一种满足。

(2)友谊需要。麦克利兰的友谊需要与马斯洛的感情上的需要和阿尔德弗得关系需要基本相同。麦克利兰指出,注重友谊需要的管理者容易因为讲究交情和义气而违背或不重视管理工作原则,从而会导致组织效率下降。

(3)成就需要。具有成就需要的人,对工作的胜任感和成功有强烈的要求,同样也担心失败。他们乐意甚至热衷于接受挑战,往往为自己树立有一定难度而又不是高不可攀的目标；他们敢于冒风险，又能以积极的态度对待冒险，绝不会以迷信和侥幸心理对待未来，而是会进行认真的分析和估计；他们愿意承担个人责任，并希望得到所从事工作的明确而又迅速的反馈。这类人一般不常休息，喜欢长时间、全身心的工作，并从工作的成就中得到很大的满足，即使真正出现失败也不会过分沮丧。一般来说，他们喜欢表现自己。

麦克利兰认为，一个公司如果有很多具有成就需要的人，那么，公司就会发展很快；一个国家如果有很多这样的公司，整个国家的经济发展速度就会高于世界平均水平。

2. 对成就需要理论的评价

成就需要理论对于我们把握管理人员的高层次需要具有积极的参考意义。但是，在不同国家、不同文化背景下，成就需要的特征和表现也就不尽相同，对此，麦克利兰未作充分表述。

在对上述两点做出理解之后，还要从关注员工开始。首先对他们的工作情况予以关注。什么让他们兴奋？什么使他们热情高涨？又是什么使他们感到厌倦情绪低落？鼓励员工尝试用自己的方式去解决问题，不过要保证这些方式能够高质量高效地完成工作。

其次，分派一个员工专门负责对工作场所的调查，并征询改善的建议。在你得到这方面的反馈后，一定不要忽视它。你可以据此做出调整和改变，以提高包括你在内的所有人的工作条件。

当然，你不可能满足每个员工的所有需求。不管员工对自己的工作多么满意，期待他们将工作当作其生活的全部都是不切合实际的，都是有一定风险的。不过，还是有一定的方法可供所有的经理人采用，以帮助他们的员工实现一些或者几个内心的愿望，而这又会推动员工尽其所能地努力工作并在这个过程中产生更强烈的动力。

这里有三个主要的方法可以使你能够成功地激发员工的动力。

方法一：欣赏每个人员工的独特之处

向你的团队宣扬每个人都是独一无二的，你就能向他们证明你看重并欣赏所有员工带给组织的个人才干和独特之处。没准，你真的可以发现出类拔萃的人才。

方法二：推动头脑风暴以取得最大成效

组织员工建立兴趣小组是一种推动头脑风暴法、激励员工的有效方式。这样做，你会逐渐发现员工们希望从自己的工作中发挥自己的才能。要让员工都施行头脑风暴法，以使工作更有成效。但别忘了要依据他们的好的建议和意见去采取行动。当你意识到员工的行为不能与你的意义和建议相符时，应该向他们解释一下为什么他们的建议不合适，并申明你会留待以后认真考虑。

方法三：承认有意义的目标对人们的重要性。

要始终相信，诸如个人职业生涯成长、自我认同、创新精神和人生抱负这些对你来说非常重要的东西，也同样对你的员工来说同样重要。让你的员工说出他们心目中理想的工作，坦诚他们在工作中喜欢什么，不喜欢什么，这样，你就可以利用你听到的这些意见使工作更有成效。

策略一
认识什么是激励

通晓不同类型人的假设

要想在当今的商业界获得成功,你就必须对你的员工有正确的认识,只要你对他们做出了正确的评价,你才能更好地领导你的组织正常运行。对一个优秀的经理人来说,具体的对人的正确认识方式有:

方式一:复杂人假设

薛恩(E.H.Schein)认为人性是复杂的,不仅是人们的需要与潜在的欲望是多种多样的,而且这些需要也是随着年龄和发展阶段的变迁,随着所扮演的角色的变化,随着所处境遇及人际关系的演变而不断变化的。

1. 人的需要是分成许多类的,并且会随着人的发展阶段和整个生活处境的变化而变化。这些需要与动机对每一个人会各具变化不定的重要程度,形成一定的等级层系,可是这种层系本身也是变化的,会因人而异、因情境而异、因时间而异的。

2. 由于需要和动机彼此作用并组合成复杂的动机模式、价值观和目标,所以人们必须决定自己要在什么样的层次上去理解激励。

3. 职工们可以通过他们在组织中的经历,学得新的动机。这就意味着一个人在某一特定的事业生涯中或生活阶段上的总的动机模式和目标,乃是他的原始需要与他的组织经历之间一连串复杂交往作用的结果。

4. 每个人在不同的组织中或是在统一组织内不同的下属部门中，可能会表现出不同的需要来；一个在正式组织中受到冷遇的人，可能在工作中或非正式工作群体中，找到自己的社交需要和自我实现的需要。

5. 人们可以在许多不同类型的动机的基础上，成为组织中生产率最高的一员，全心全意地参加到组织中去。

6. 职工们能够对多种互补相同的管理策略做出反应，这要取决于他们自己的动机和能力，也决定于工作任务的性质。换句话说，不会有什么在一切时间对所有的人全能起作用的唯一正确的管理策略。

方式二：经济人假设

经济人假设源于亚当·斯密。亚当·斯密认为，人的行为动机根源于经济诱因，人都要争取最大的经济利益，工作就是为了取得经济报酬；并认为，在自由经济制度中，经济活动的主题是体现人类利己主义本性的个人，经济人假设也就是麦格雷戈归纳的X理论中的人性假设。关于人性是理性和经济性的说法，归根到底，是从享乐主义哲学那儿衍生出来的。

随着西方国家工业化大生产的发展，企业之间的竞争变得越来越激烈，企业的管理当局不得不越来越倚重于工人们的判断力、创造力和忠诚心。随着组织对工人们的期望的增多，他们也就不得不重新审查自己对工人们所做的假设了。

方式三：决策人假设

西蒙在一系列有关决策理论的论文和著作中，完善了决策人假设。要点包括：

1. 理性是有限的。组织成员的理性限度表现在：执行任务的能力有限，正确决策的能力有限。也就是说，由于环境的约束和人类自身能力的限制，他们不可能知道关于未来行动的全部备选方案和有关外生事件的不确定性，也无力预测出所有备选方案的实施后果。

2. 寻求满意解。心理学研究表明，个人的欲望水平不是固定不变的，它可以随着体验的变化而升降。在好方案多的良性环境下，欲望提高；在恶劣环境下，欲望则下降。因此，决策者对于应当寻找一个好到什么程度的方案，就会视具体情况定位在一定的欲望水平；当他一旦发现了符合其欲望水平的备选方案，便结束搜索，选定该方案。西蒙称人的这种选择方式为"寻求满意"。

3. 组织是一个"诱因和贡献"平衡系统。组织成员的协作意愿取决于由协作而得到的诱因（组织提供奖酬）和为协作而做的贡献（个人投入的时间、精力和服务）之间的比较结果。只有当贡献小于或等于诱因时，组织成员才愿意协作，组织才能得以存续和发展。

方式四：社会人假设

社会人假设是由梅奥（G.E.Mayo）在霍桑试验的基础上提出来的。归纳为以下四点：

1. 社交需要是人类行为的基本激励因素，而人际关系是形成人们身份感的基本因素。

2. 从工业革命中延续过来的机械化，其结果是使工作丧失了许多内在的意义，这些丧失的意义现在必须从工作的社交关系里寻找回来。

3. 跟管理部门所采用的奖酬和控制的反应比起来，职工们会更易于对同级同事们所组成的群体的社交因素做出反应。

4. 职工们对管理部门的反应能达到什么程度，当视主管对下级

激励员工12策略

的归属需要、被人接受的需要以及身份感的需要能满足到什么程度而定。

社会人假设所带来的主要后果之一，就是出现了"人际关系运动"，这是为了训练管理人员能更多地意识到职工们的社交需要而做的努力。尽管人际关系运动确实提高了工人们的情绪和士气，但对提高劳动生产率的贡献却难以肯定。

用企业文化激励员工

一个民族的文化是在漫长的历史中逐渐积淀而成的，具有传统性。而对单个的企业来说，其文化必然是在其所属的民族文化的基础上提炼而成的，并在此基础上形成企业的核心价值观，一旦形成一种健康的企业文化，就会在企业中形成一股强大的精神动力，所有的员工都会受到这种企业文化的激励。

日本松下公司是一家充满活力的公司，它之所以能获得成功，一个重要的因素是"精神价值观"在无形中起着重要作用。其创始人松下幸之助规定的企业原则是："认识企业家的责任，鼓励进步，促进全社会的福利，致力于世界文化的进一步发展。"松下幸之助的"精神价值观"是：通过企业为国家服务；公平；和谐与合作；力求进步；礼貌与谦虚；互相适应与同化；感谢。正是由于这些"精神价值观"的作用，才使松下这样机构繁杂、权力分散的公司在工作上有向

策略二
正确理解各种激励机制

心力和连续性。此外，公司还非常重视对员工进行精神价值观方面的基本训练，尤其是对新录用的人员。公司提出了由"产业报国，光明正大，友善一致，奋斗向上，礼节谦让，顺应同化，感激报恩"等七方面内容构成的"松下精神"。松下公司遍布在世界各地的8.7万名员工每天上午8点都在背诵"精神价值观"，放声高唱公司之歌。松下公司是日本第一家有精神价值观和公司之歌的公司。在解释精神价值观时，松下幸之助有一句名言：如果你犯了一个诚实的错误，公司是会饶恕你的，把它作为参加学习的学费，从中吸取教训；然而如果你背离公司的原则，就会受到严厉的批评，直到解雇。与此同时，松下公司十分注重感情投资和感情激励。值得一提的是他们的"送红包制度"。当员工完成一项重大技术革新，或员工的一条建议为企业带来更大效益的时候，公司会毫不吝惜地重赏员工。松下公司建立的"提案奖金制度"更有特色，每年职工提案达60多万条，其中有6万多条被采纳，约占10%，每年发给职工的提案奖金就多达30多万美元。而逢年过节，或者厂庆，或是职工婚嫁，厂长经理们都会慷慨解囊，请员工赴宴或上门贺喜、慰问。在餐席上，上级和下属可尽情唠家常、谈时事、提建议，气氛和睦融洽。它的效果远比站在讲台上向员工发号施令好得多。久而久之，在松下公司就形成了上下一心、和谐相容的"家庭式"氛围。同样，娃哈哈集团也是依靠企业文化的力量使企业的发展走上了一条成功之路。

杭州娃哈哈集团公司当初只有3个人，是一家靠14万元起家的校办工厂，如今则发展成为拥有一系列知名产品的著名成功企业。娃哈哈成功的原因何在？就是因为从它诞生的那一天起，企业领导就提出了自己的企业文化口号："励精图治、艰苦奋斗、勇于开拓、自强不息。"并以这种精神力量来指导每一位员工的行动，激励他们发挥主人翁的巨大作用，树立起一个鲜明的企业文化形象。由众多的成功例子我们不难看出：企业文化对一个企业的成功是具有极其重要的作用的。一种健康的企业文化能向全体员工提供使其受到鼓舞、激励的共同价值观，会对所有的员工产生吸引力。此时，人们会在内心深处产生一种精神力量，自觉地把这种共同价值观作为自己生活中不可缺少的组成部分来追求，为它的实现而竭尽全力，并从内心感到自豪，从而在企业内部形成一股合力，促进企业不断向前发展。

策略二
正确理解各种激励机制

> 激励机制是五个方面构成要素的总和。其中诱导因素起到发动行为的作用,后四者起导向、规范和制约行为的作用。一个健全的激励机制应是完整的包括以上五个方面、两种性质的制度。只有这样,才能进入良性的运行状态。

激励员工12策略

激励机制

激励机制是通过一套理性化的制度来反映激励主体与激励客体相互作用的方式。激励机制的内涵就是构成这套制度的几个方面的要素。根据激励的定义,激励机制包含以下几个方面的内容:

内容一:诱导因素集合

诱导因素就是用于调动员工积极性的各种奖酬资源。对诱导因素的提取,必须建立在队员个人需要进行调查、分析和预测的基础上,然后根据组织所拥有的奖酬资源的时期情况设计各种奖酬形式,包括各种外在性奖酬和内在性奖酬(通过工作设计来达到)。需要理论可用于指导对诱导因素的提取。

内容二:行为导向制度

它是组织对其成员所期望的努力方向、行为方式和应遵循的价值观的规定。在组织中,由诱导因素诱发的个体行为可能会朝向各个方向,即不一定都是指向组织目标的。同时,个人的价值观也不一定与组织的价值观相一致,这就要求组织在员工中间培养统驭性的主导价值观。行为导向一般强调全局观念、长远观念和集体观念,这些观念都是为实现组织的各种目标服务的。勒波夫(M.Leboeuf)博士在《怎样激励员工》一书中指出,世界上最伟大的原则是奖励。受到奖励的事会做的更好,在有利可图的情况下,每个人都会干得更漂亮。他还列出了企业应该奖励的10种行为方式：（1）奖励能彻底解决问题的，而不是仅仅采取应急措施。（2）奖励冒险，而不是躲避风险。（3）奖励使用可行的创新，而不是盲目跟从。（4）奖励果断的行动，而不是无用的分析。（5）奖励出色的工作而不是忙忙碌碌的行为。（6）奖励简单化，反对不必要的复杂化。（7）奖励默默无声的有效行动，反对哗众取宠。（8）奖励高质量的工作，而不是草率的行动。（9）奖励忠诚，反对背叛。（10）奖励合作，反对内讧。勒波夫所列举的这些应该奖励的行为方式，对很多企业来说，都可作为其员工的行为准则。

内容三：行为幅度制度

它是指对由诱导因素所激发的行为在强度方面的控制规则。根据弗洛姆的期望理论公式（$M=V*E$），对个人行为幅度的控制是通过改变一定的奖酬与一定的绩效之间的关联性以及奖酬本身的价值来实现的。根据斯金纳的强化理论，按固定的比率和变化的比率来确定奖酬与绩效之间的关联性，会对员工行为带来不同的影响。前者会带来迅速的、非常高而且稳定的绩效，并呈现中等速度的行为消退趋势；后者将带来非常高的绩效，并呈现非常慢的行为消退趋势。通过行为幅度制度，可以将个人的努力水平调整在一定范围之内，以防止一定奖酬对员工的激励效率的快速下降。

内容四：行为时空制度

它是指奖酬制度在时间和空间方面的规定。这方面的规定包括特定的外在性奖酬和特定的绩效相关联的时间限制，员工与一定的工作相结合的时间限制，以及有效行为的空间范围。这样的规定可以防止员工的短期行为和地理无限性，从而使所期望的行为具有一定的持续性，并在一定的时期和空间范围内发生。

内容五：行为归化制度

行为归化是指对成员进行组织同化和对违反行为规范或达不到要求的处罚和教育。组织同化（Organizational Socialization）是指把新成员带入组织的一个系统的过程。它包括对新成员在人生观、价值观、工作态度、合乎规范的行为方式、工作关系、特定的工作机能等方面的教育，使他们成为符合组织风格和习惯的成员，从而具有一个合格的成员身份。关于各种处罚制度，要在事前向员工交待清楚，即对他们进行负强化。若违反行为规范和达不到要求的行为实际发生了，在给予适当的处罚的同时，还要加强教育。教育的目的是提高当事人对行为规范的认识和行为能力，即再一次的组织同化。所以，组织同化实质上是组织成员不断学习的过程，对组织具有十分重要的意义。

以上五个方面的制度和规定都是激励机制的构成要素，激励机制是五个方面构成要素的总和。其中诱导因素起到发动行为的作用，后四者起导向、规范和制约行为的作用。一个健全的激励机制应是完整的包括以上五个方面、两种性质的制度。只有这样，组织才能进入良性的运行状态。

激励员工12策略

组织目标体系

组织目标体系是激励机制设计模型的三个支点之一。组织目标可以有多种区分方法。

西蒙将组织的目标区分为两个,一个是能够维持组织生存下去的目标;另一个是保证组织发展壮大的目标。佩罗(Perrow)则详细地分析了组织的多层次目标,包括:(1)社会目标;(2)产量目标,包括向消费者提供产品和服务的质量和数量等;(3)系统目标,包括增长率、市场份额、组织气氛和在本行业中的地位等;(4)产品特性目标,包括向消费者提供的产品或服务的品种、独特性、新颖性等;(5)其它的派生目标,如参与政治活动、赞助教育事业、促进员工发展等。组织目标是所有参加者的间接的个人目标,它是组织参加者们一起进行组织活动,以满足各自不同动机的手段。也就是说,组织的参加者将实现组织目标作为达到个人目标的手段和途径,即"如果组织目标表现除了对个人的有用性,组织成员就会通过其日常工作,连续地关注那个目标;他们会赏识那个目标的重要意义和价值。这样,组织目标就能逐步得到实现,从而也给他们带来个人价值的实现。

组织可以通过组织同化,培养员工对组织的认同感、归属感,使员工将组织目标内在化为个人目标,这时员工对组织目标的追求就成为自觉的、主动的行为。通过培训和教育,组织成员所掌握和具备的

策略二
正确理解各种激励机制

知识、技能、认同和忠诚心，使他能自行制定出组织希望他做出的决策。

为了使组织目标更好地和员工的工作绩效相衔接，组织可以将目标进一步分解和细化，使之成为考核员工工作绩效的标准，对员工工作绩效的考核目标的设置，包括在质量和数量两个维度上的规定。组织在设置考核目标时，要力求做到以下几点：（1）目标要简洁、明确。设置目标时，用大家都能理解的语言和术语来讨论在一定期限内必须完成的主要任务及其目标；（2）目标要可评估，所设置的目标，要简单且易于评估，最好能用量化指标；（3）目标要有相容性，即各子目标之间相互衔接，并且相容于组织的整体目标；（4）目标要有挑战性，富有挑战性的目标本身及其可能带来的更多的奖酬，更能激发员工的工作热情；（5）各种目标要有优先秩序，并形成一个目标体系；（6）组织目标体系本身要求短期目标和长期目标相结合，局部目标和整体目标相结合。

诱导因素集合

个人参加到组织中来是因为组织能提供个人所需要的各种奖酬，而这些奖酬就成为产生某种行为的刺激因素，组织便可将这些刺激因素作为引发员工符合期望的行为的诱导因素。组织对个人最明显的刺激因素就是薪金或工资，即经济性奖酬。但不同的人需要得到不同的奖酬，且同一奖酬对不同的人来说也具有不同的意义。对有些人来说，金钱就意味着生活的基本稳定和感情生活的有保障；对另一些人来说，金钱则代表着权利；对还有一些人，它则是对他们在社会中的成就大小的一种度量；对别的一些人，它则只不过代表达到舒适与奢侈生活的目的的一种手段罢了。为了满足不同员工对奖酬内容的不同需要，组织可以列出奖酬内容的明细单，让员工自己选择。不过员工对这些奖酬资源的获得必须与他们的工作绩效紧密联系。除了经济性诱因之外，组织的认为、组织提供的个人锻炼和发展机会、组织提供的带薪休假时间和对工作方式选择的自由等，都可成为很有吸引力的诱导因素。

组织成员从组织获得的诱因，必须与他们为组织所做的贡献相称。组织的成员是按照能最大限度地满足他个人目标的原则来行动的，所以，他会将自己从组织所得诱因与对组织所做的贡献相比较，所得的净效果就是他的协作愿意。净效果愈大，他的协作意愿也越大；当净效果趋于零或为负数时，他的协作意愿也将趋于零，甚至将退出这一组织。同时，他还将参加这一组织所得净效果与参加其它组织或单干时所得净效果相比较，从而决定是继续参加这一组织，或转为参加其它组织，或单干。但是，个人衡量"贡献"、"诱因"、"净效果"的尺度并不是客观的，而多由主观因素决定的。就组织方面来说，组织为了获得其成员的协作意愿，一般采取两个方面的措施：一个方面就是为成员提供各种刺激，另一方面是通过说服和教育来影响成员的主观态度，包括培养成员的协作精神、忠诚心，号召他们发挥集体主义精神和认同组织的目标等。

策略二
正确理解各种激励机制

个人因素集合

个人因素包括个人需要、价值观等决定个人加入组织的动机的一些因素，以及个人的能力、素质、潜力等决定个人对组织贡献大小的一些因素。个人加入组织的动机是复杂的，即使是受到当代行为科学家许多攻击的泰勒也注意到动机对工作效率的影响，他指出："还存在着另一种应加以特别注意的科学调查，即精确的研究影响人们的动机。"而研究人的行为，只能从人的需要出发。

人的价值观是由后天形成的，一个人所处的社会生产方式及其所处的经济地位，对其价值观的形成具有决定性的作用。同时，来自宣传媒体的导向性观点，以及父母、教师、朋友和模范人物的观点和行为，对一个人的价值观形成也有不可忽视的作用。对组织来说，首先要认识到价值观因人而异，有的人注重事业，有的人注重金钱。其次，要认识到价值观是可以改变的，组织可以通过组织同化和其它的教育，来引导个人价值观的变化和发展。当员工受到组织所倡导的价值观的影响的时候，他们就会有良好的表现。杰出的工作表现总是和人们受到使人非信不可而又简单明了的、甚至可成为美妙的价值观的激励有关。"因此，价值观对个人行为起导向作用，能在一定程度上影响个人的需要结构。组织在建立激励机制时，也要将影响和引导个人价值观的一些措施纳入到激励机制的运行体系，它能使管理者对员工产生影响作用。

　　能力通常是指个人从事一定社会实践活动的本领。一个人的能力直接决定着他的工作活动效率。各人的能力是有差异的，这种差异有质和量两个方面。能力又有一般和特殊之分，一般能力是指在很多基本活动中表现出来的能力，如观察力、记忆力、抽象概括能力等；特殊能力是指表现在某些专业活动中的能力，如数学能力、音乐能力、专业技术能力等。在组织中，从人尽其才的角度讲，员工应有一定的权力自我确定工作内容和职责范围。不仅如此，管理者还应认识到人的能力是可以提高和发展的。无论是接受特定的教育、训练，还是参加一定的实践活动，都可以提高人的能力水平。人的能力的发展在一定程度上取决于自身的素质，人的素质是能力发展的基础。因此，管理者还要善于发现员工的基本素质和能力发展潜力，对企业的人才做到既使用又培养。还有一点值得管理者注意的是，个人的价值观对能力的发挥既可以起到促进作用又可起到制约作用，因此组织要通过主导价值观教育，来促进员工能力水平的发挥。总之，组织的激励机制设计要充分考虑到员工素质、能力水平以及个人发展的愿望，将目标设置、工作安排与这些因素相结合。

激励机制的作用和性质

激励机制一旦形成,它就会内在作用于组织系统本身,使组织机能处于一定的状态,并进一步影响着组织的生存和发展。激励机制对组织的作用具有两种性质,即助长性和致弱性,也就是说,激励机制对组织具有助长作用和致弱作用。

1. 激励机制的助长作用

激励机制的助长作用是一定的激励机制对员工的某种符合组织期望的行为具有反复强化、不断增强的作用,在这样的激励机制作用下,组织不断发展壮大,不断成长。我们称这样的激励机制为良好的激励机制。当然,在良好的激励机制之中,肯定有负强化和惩罚措施对员工的不符合组织期望的行为起约束惩罚作用。激励机制对员工行为的助长作用给管理者的启示是:管理者应能找准员工的真正需要,并将满足员工需要的措施与组织目标的实现有效的结合起来。

2. 激励机制的致弱作用

激励机制的致弱作用表现在:由于激励机制中存在去激励因素,组织对员工所期望的行为并没有表现出来。尽管激励机制设计者的初衷是希望通过激励机制的运行,能有效地调动员工的积极性,实现组织的目标。但是,无论是激励机制本身不健全,还是激励机制不具有可行性,都会对一部分员工的工作积极性起抑制作用和削弱作用,这就是激励机制的致弱作用。在一个组织当中，当对员工工作积极性起致弱作用的因素长期起主导作用时，组织的发展就会受到限制，直到走向衰败。因此，对于存在致弱作用的激励机制，必须将其中的去激励因素根除，代之以有效的激励因素。

策略三

 自我激励

激励能鼓舞人们作出选择并从事行动。激励能够提供动因。动因仅仅是在个人体内的"内部催动",例如本能、热情、情绪、习惯、态度、冲机制动、愿望或想法,能激励人行动起来。

激励员工12策略

策略三
自我激励

激励由自己开始

一个人怎样开始激励别人呢？安东尼·罗宾指出，得首先激励自己。如果你自己没有积极性，是不能调动别人的积极性的；你自己没有信念，是不能使别人有信念的；你自己没有干劲，是不能使别人有干劲的；你自己没有前进的决心，是不能带动别人前进的。

关于这一点，以色列的大卫王（约公元前100年）是最好的例子。大卫心中的积极性激发了其它人的积极性。年轻的大卫在没当国王之前，有一次给当兵的哥哥送饭，他走近前线时，看见敌军的头号巨人歌利亚在嘲弄士兵，以引起他们（包括国王所罗）内心的恐惧。但大卫毫无惧色。

他调动起自己的积极性来，向歌利亚挑战，跟他撕杀，最后杀死了歌利亚。

在大卫之前，在所罗王的军队中是没人能杀巨人的。大卫，这个杀掉巨人的人成了国王，其后以色列军中又产生了许多杀巨人者。你猜在所罗王的军队中为什么没人能杀巨人？原因之一是所罗本人不是杀巨人者。他没有给他的臣民树立榜样，显示像勇士一样面对巨人的积极性，但是，在大卫的领导下，许多兵士都被调动起来，去杀巨人。

如果你不知道怎样激励自己，以下几点建议有助于你行动起来：

激励员工12策略

1. 计划一下行动起来的好处和不行动的代价

如果我们不知道该如何行动起来,有时就需要由别人提醒我们行动的好处,有时又需要弄清楚不行动会有什么坏事发生。这就像我们需要节食减肥,又提不起兴趣,这时需要别人提醒自己,减肥成功之后,样子会更好看,会感觉更健康。我们也可以想一想,现在不开始减肥,会对我们的健康有什么害处。越是观望等待,消极的代价就越大。通过算清楚行动起来的好处和不行动的害处,我们就能开始行动。

2. 要培养一种紧迫感

在确信自己应该行动起来之后,下一步就是实实在在地行动起来。要做到这一点,你心中要产生一种紧迫感。你不要选择最后的时机开始行动,而应从相反的角度看这个问题,问问你自己:"我最快什么时候能开始?"人毕竟不会越活越年轻的。你甚至可以把你的目标公之于众,给自己增加一点压力。

3. 现在就制定进度

另一个行动起来的方法是制定出进度,按进度规划做事。有时候,这些写成白纸黑字的东西是能鞭策自己行动的。另外,把一项大任务或大工程分解成容易完成的小任务,可使整个计划变得容易实现。

4. 不要坐等自己想动时才动

说到激励自己,人们常犯的错误是以为可以等到自己想动时才动。不要跌进这个陷阱里。大概当你干开了之后,你才会感到想动。认准了这是一件该做的事,你现在就行动起来。你的感觉会跟着你的行动走。

5. 别等到弄清问题的解决办法之后才开始干

塞缪尔·约翰逊说:"如果要先搬掉所有的障碍才行动,那就什么也做不成。"成大事者会立刻抓住大好时机,迅速作出重大决定,然后马上投入行动。如果你想成功,就要立即行动起来。

个人的积极性会使一切都动起来。积极性导致行动,也积累起干劲,而干劲对于成功是无价之宝。例如,你是否想过,要防止一个静止的火车头滑动,所需力量是多么小?你只需在每个驱动轮前面放一块一英寸厚的木头,这火车头就动不了。但同一个火车头如果以60英里时速行驶,就可以撞穿一堵5英尺厚的钢筋水泥墙!有积极性和有干劲的人也是这样。人一旦行动起来,就能克服难以想象的障碍。

用激励别人的原则去激励自己

激励能鼓舞人们作出选择并从事行动。激励能够提供动因。动因仅仅是在个人体内的"内部催动",例如本能、热情、情绪、习惯、态度、冲动、愿望或想法,能激励人行动起来。

希望别的力量也能引起人的行动,使人希望获得特别的成就。

要是你知道某些原则能激励自己,那么你也会知道这些原则同样能激励别人。反之亦然。

我们讲述别人成功和失败的经历就是为了激励你去从事理想的工作。

因此,为了激励自己,你要努力了解激励别人的原则。

激励者如何变成自我激励者?这不是件容易的事,但是方法却不难找。

激励别人的方法同样可以激励自己。两者之间有一个很大的差别:"自我激励的激励因素是内在的,激励别人的因素是外在的。"换言之,想自我激励的人可以把本书的所有秘诀应用到自己身上。能有效运用这些秘诀,就能不依靠任何人而做到自我激励。能做到自我激励,激励别人的效果也是空前的。

谁来激励激励者?答案是激励者自己。其它的办法行不通。

不提供正确的回馈,员工将有无比的困惑。

回馈是源于自动化和为电脑设计的名词。它是一种基本事实,一种科学的基本观念,也是激励成功的重要因素。虽然这个观念非常重要,但真正被人认清楚才不过50年。

回馈是导向系统的要素。

每个导向系统都有回馈机制。回馈机制指出该系统的实际状态,并比较实际与预期状态之间的差距,然后调整该差距。

导弹是个很好的例子。回馈机制会指示导弹偏差的程度,调整弹道,使之朝向目标。

细胞的回馈机制指示细胞什么时候该制造蛋白质,什么时候该停止制造蛋白质,回馈机制对健康的细胞非常重要。

在管理上,经理通过回馈机制指出员工是否向正确的目标迈进。没有回馈机制,员工无法评估自己的工作绩效,也无法做适当的调整。

回馈机制适用于各种人的情境。被领导者必须从领导者那里得到回馈，才能发挥正常的功能。不论社会团体的成员、学校的学生、家中的子女都不例外。

下面是运用回馈机制的秘诀：被激励者只需要适量的回馈来了解他的表现。

1. 如何决定适量的回馈

没有回馈使整个系统崩溃。

昆虫如果没有回馈机制，就不知道什么时候应该吃蔬菜的叶子，结果因饥饿而死亡。

员工得不到回馈会停止生产。某经理外出度长假，没有做任何交代，回来后发现员工都走了，公司的门也上了锁，这就是没有回馈员工无法生产的例子。

伊朗科学家曾研究孤儿院的小孩子。由于孤儿院的护士有限，没有时间陪每个小孩，有些小孩得不到任何回馈，结果有的完全逃避与人接触，有的则产生了极严重的情绪问题。

研究人员将部分有问题的小孩从孤儿院领出来，让一些家庭领养，这些被领养的小孩得到个别的照顾，由于个别照顾的回馈机制，他们才逐渐发展成健康正常的情绪。

2. 太多回馈会造成游移不定、崩溃

温度计如果太敏感，只要温度稍一改变就会不断地上升或下降，很快就会用坏。

演讲者太注意自己的每一句讲词，可能会口吃，因为他得到太多回馈。

如果经理站在员工面前，纠正每一个动作，会使员工紧张而犯错。

老师如果盯着学生，将阻碍学生发展，学生会害怕犯错，而不再进步。

3. 太少回馈会使系统迷失方向

导弹得到的回馈太少，会击中错误的目标。

员工得到的回馈太少，会在错误的方向上耗尽精力，甚至不知道自己犯了错。珍的经理要她交篇报告，但没有告诉她什么时候要完成。两个星期后，经理要她交报告，珍交不出来，因为她不知道限期是两个星期。

一般组织常常发生这种情形：经理交代一件事，但没有继续追踪考核，也没有提供适量回馈，执行任务的员工不知道自己做得对不对。由于没有回馈，即使尽全力而为，仍不知道自己的进度和结果是不是经理所要求的。

4. 只提供坏的或好的回馈都会使系统迷失方向

跑步要消耗大量氧气，若身体系统只提供好的回馈，告诉人继续跑，大脑指示肺继续消耗氧气，人就会因耗氧过度而昏倒。

学生如果只接受好的回馈，会认为自己不会做错事情，结果可想而知。

5. 提供适量回馈才是有效的回馈

激励者要提供有效的回馈，必须注意组织的目标，提醒员工修正方向朝目标迈进。有效的回馈就是提供员工必须的资料，让他们了解自己的方向。

策略三
自我激励

天天替自己加油鼓气

这个方法孩子喜欢吗？

许多相当成功的人都发觉这是个培养好习惯的方法。新闻分析家专家卡特本说，他年轻的时候，在法国当推销员，每天走访一户又一户，每天出发以前都要对自己说一番勉励的话。

魔术大师荷华·索士等常在他的化妆室里跳上跳下，一次又一次大声喊道："我爱我的观众。"直到他的血液沸腾起来；然后他才走到舞台上，呈现给观众一次充满活力和愉快的表演。

我们大部分的人都是半醒半睡地生活着。为什么你不在每天早上对自己说："我爱我的工作，我将要把我的能力完全发挥出来。我很高兴这样活着——我今天将要百分之一百地活着。"

亚里士多德提倡"开通的自私"——这对每一个追求进步的人都是个好方法。

一个以自己为中心的工作者，一只眼睛注视着时钟，另一只眼睛则注视着他的薪水，这样的人必定很厌烦、很懒，而且不会成功。

为别人服务会产生热忱——许多有能力的人选择低薪的社会服务和传教工作，而不去从事比较自我的职业以赚取更多的钱，这就是例证。

打游击战术也许暂时会成功，但是最后都会失败的。最好是伸出你的手去援助别人,而不是伸出你的脚绊倒别人。

成功学始祖拿破仑·希尔曾经揭示出如下自我激励的"黄金"步骤:

1. 你要在心里确定你希望拥有的财富数字——笼统地说:"我需要很多、很多的钱"是没有用的;你必须确定你要求的财富的具体数额。

2. 确确实实地决定,你将会付出什么努力与多少代价去换取所需要的钱——世界上是没有不劳而获这回事的。

3. 规定一个固定的日期,一定要在这日期之前把你要求的钱赚到手——没有时间表,你的船永远不会"靠岸"。

4. 拟定一个实现你理想的可行性计划,并马上进行。你要习惯"行动",不能够再停留于"空想"。

5. 将以上四点清楚地定下——不可以单靠记忆,一定要白纸黑字。

6. 不妨每天两次大声朗诵你写下的计划的内容。

一次在晚上就寝之前,另一次在早上起床之后——当你朗诵的时候,你必看到、感觉到和深信你已经拥有这些钱!

表面上看这一组合是非常简单的,所以希尔一再叮咛:"对一些没有接受过严格心灵锻炼的人来说,以上六个步骤是'行不通'的……请你先记住,将这些步骤传下来的人不是没有完善意识和成功勇气的平庸之辈,而是世界上经济和政治领域中颇为成功的一些杰出人物。"

拿破仑·希尔又说:"要是你知道这六个步骤是经过已故的托马斯·爱迪生所详细审查过并认可的,可能你会有更大的信心。爱迪生

终生实践这六大步骤——他知道这些步骤不仅是致富的重要途径,更是任何人要达到目标的必经之路。"

策略四

规避一无所知的激励

激励涉及了一个组织的各个方面，值得从各个角度进行深入的研究。只要创造一个能使员工感到是在为他们自己工作的环境，并使他们感到他们在工作中是与他人平等的合作者，就能提高员工的努力水平，进而提高组织的效率。如何实现"组织和个人利益的一致"是摆在每个管理者面前的课题。

激励造就人才

父母经常激励孩子,这个孩子就会显得比其它孩子更聪明、更进步。这一点我们是从托马斯·爱迪生和他的母亲那儿认识到的。旁人对一个小孩的信心能使这个孩子信任他自己。当这个孩子感觉到他是完全沉浸在温暖而可靠的信任中时,他就会干得很出色。他不会费尽心机地去保护自己免遭失败的伤害。相反,他将全力地探索成功的可能性。他的心情是舒畅的。信任已经大大地影响了他——使得他把自己内在的最美好的东西发挥出来了。爱迪生说:"我的母亲造就了我。"成功学家拿破仑·希尔在这方面也有亲身的体验。关于这一点,他曾这样说过:"当我是一个小孩时,我被认为是一个应该下地狱的人。无论何时出了什么事,诸如母牛从牧场上放跑了,或堤坝破裂了,或者一颗树被神秘地砍倒了,人人都会怀疑:这是小拿破仑·希尔干的。

"而且,所有的怀疑竟然都还有什么证明哩!我母亲死了。我父亲和弟兄们都认为我是恶劣导致的,所以我便真正是颇为恶劣的了。

"有一天,我的父亲宣布:他即将再婚。我们大家都很担心我们的新'母亲'是哪一种人。我断定即将来我们家的新母亲是不会给我一点同情心的。这位陌生的妇女进入我们家的那一天,我父亲站在她的后面,让她自行对付这个场面。她走遍各个房间,很高兴地问候我们每一个人——直到她走到我面前为止。我直立着,双手交叉叠放在胸前,凝视她,我的眼中没有丝毫欢迎的意思。

"我的父亲说:'这就是拿破仑,是希尔兄弟中最坏的一个。'我绝不会忘记我的继母是怎样对我说的那句话的。她把她的双手放在我的两肩上,两眼放射着母性的光,直盯着我的眼,她使我意识到我将永远有一个亲爱的人。她说:'这是最坏的孩子吗?完全不是。他恰好是这些孩子中最伶俐的一个,而我们所要做的,无非是把他所具有的伶俐品质发挥出来。'我的继母总是鼓励我依靠自身的力量,制订大胆的计划,坚毅地前进。后来证明这种计划就是我的事业支柱。我决不会忘怀她教导我当你去激励别人的时候,你要使他们有自信心。也许有人会说,像希尔这种行为恶劣的人居然能成为成功学的始祖,但这就是事实。是他的继母造就了他。因为她深厚的爱和不可动摇的信念激励着希尔,使他努力成为她相信他能成为的那种孩子。"

由此可见,任何人,只要深谙激励之道,都可以造就奇迹,造就人才。

策略四
规避一无所知的激励

激励员工像管理者一样

作为企业的管理者，一定要与下属处好关系，这样才能将整个团体紧紧地连接在一起，让你的每一个下属都为你效力，使你的工作能顺利地完成。

要与下属处好关系，要注意以下原则：

1. 让下属感到他对你很重要。几年前，有人向一位著名管理者学到一个信条，他说在每个人脖子上都有个无形的胸卡，上面写着："让我感到我的重要。"

这句话揭示了与人相处的关键所在。其意思是说我们每个人都要求得到承认，我们有情感，希望被喜欢、被爱、被尊敬。要求别人不把我们看做是个自动机器。

2. 叫出别人的名字。给人亲近感的最好方法就是以名相称，特别对那些和你没有工作上来往的人。在邮局里，一声面带微笑的"你好，老刘"，会缩短你们之间的距离。

小莉回家后告诉她丈夫："信不信由你，我们工程部副主席居然认识我。他叫了我的名字。我只是一个250人的技术中心里的小人物啊！"

这种场面告诉我们直呼别人的名字产生的神奇效果。

3. 避免伤害对方的自尊心。在组织当中，下属作为弱势的一方，自尊心更容易受到伤害。领导对待下属，即使对方出现了错误，也要

激励员工12策略

注意避免伤害对方的自尊心。批评的时候要注意时间、地点、环境,不要让他在众人面前丢人现眼。

4. 尽量使用可以鼓舞对方的字眼。下属需要赞扬。会当领导的人要尽可能地在公开场合表扬下属,鼓励他们争取更大的成绩,使他们意识到只要做出成绩,领导就会看见,并会给以嘉奖。这样,你的下属就会更努力地工作。

5. 进一步理解他们的需要。真正想使下属为你尽力尽忠,你就必须及时了解下属的生活情况,了解他们的实际需要,关心他们,帮助他们。特别是他们遇到困难的时候,你的关心和帮助会使他们产生为你效忠的想法。

6. 把有较强自我意识的人作为你运行的目标。有较强自我意识的人是不会轻易相信别人的。作为领导,要想在下属面前树立自己的形象,首先就要对这些人做好工作,使这些人相信你,你能成就大事,因为一旦这些人和你站在一起,其它人就会学榜样跟你走。

7. 多参与集体活动。作为领导,不要以为自己高人一等,把自己与下属分开。在团队活动中,如果你不会玩,不会和大家一起说笑,那么你就不会受下属的爱戴。经常和下属一起举办一些集体活动,既能增进友谊,又能使自己身心获得快乐,还能缩短与下属的距离,与大伙融为一体。

8. 积极替下属承担责任。做下属的最担心的就是做错事,尤其是费了九牛二虎之力后却闯了大祸的事,因为随之而来的便是惩罚问题、责任问题。而生活原本就是一连串的过失与错误,再仔细、再聪明的人也有阴沟里翻船的时候。可翻了自己的小船便也罢了,而一旦不小心捅漏了多人共同谋生的大船,也就真有可能弄个"吃不了兜着

策略四
规避一无所知的激励

走"的下场。因此,没有哪个人不害怕担责任。

所以,懂得如何收揽人心的上级,在下属闯祸之后,首先会冷静地检讨一番自己,然后将他叫来,心平气和地分析整个事件,告诉他错在何处,最后重申他的宗旨——每一个下属做事都该全力以赴,漫不经心、应付差事是要遭受惩罚的。当然,还要让他明白,无论如何,自己永远是他们的后盾。

那种不分青红皂白,无论下属的过错是否与自己有关都大发雷霆,不时强调"我早就告诉你要如何如何"或"我哪里管得了那么多"之类言语的上级们,不仅使下属更不敢于正视问题,不再感到丝毫内疚,而且避免不了日后同这种上级大闹情绪,甚至永远不可能再拥戴他。

还有,一味埋怨下属、推卸责任的上级,也只会令更高级别的上级反感。所以说,一方面与下属一起承认错误,体现出应有的风度;另一方面,即使有其它诸多是非,也尽量站在下属一边,替他挡驾的上级,也是最会收揽人心、最有人缘的上级。

9. 只采用一种技巧,而且不要太过分。领导艺术是多种多样的,在不同的事情上要采取不同的技巧。为了使事情不复杂化,在处理一件事时,不宜使用过多的技巧,否则就把事情搞得复杂难以解决。

10. 作风民主。领导是面对全体职员的,应该以全体职员的意见为准,讲究民主就是要广泛征求大家的意见,不把个别人的意见凌驾于全体之上。领导代表着全体职工的利益,而不是代表个别人的利益。所以,多听大家的意见,才能领导好大家的事业。

作为领导只有诚心诚意地替下属着想,关心下属,爱护下属,才会赢得下属的尊敬和爱戴,才能调动起下属的工作积极性和创造性。

另外,领导要调动下属的积极性,还必须正确对待下属的个人兴趣,这是领导用人艺术的一个重要方面。

领导者的众多下属,每个人都有自己的个人兴趣。领导者,应当怎样看待这个问题呢?首先,应当认识到,这是一种必然的、正常的现象。客观事物的千差万别,决定了人的兴趣必然是千奇百怪的。每个人的生长环境、教育程度、心理素质各有不同,兴趣也就迥然各异。其次,应当认识到,这些兴趣的存在,是允许的、合理的。不仅不应扼杀人的个性和爱好,而且要鼓励一切有益的兴趣都得到发展。

那么,在日常领导工作中,应当如何处理好这个问题,以便更好地调动人的积极性,推进事业的发展呢?

1. 要用心发现下属的兴趣。爱因斯坦说过:"我认为对一切来说,只有'热爱'才是最好的教师。"郭沫若也说过:"爱好出勤奋,勤奋出天才。"一个人如果对某种事物有了感情和兴趣,就会全神贯注、如痴如醉地沉湎于其中,不仅吃苦受累在所不惜,而且常常因此寝食俱废,甚至献出自己的青春和生命。许多令人瞩目的成就和石破天惊的奇迹就是这样被创造出来的。所以,从一个人的兴趣,往往可以窥见一个人的思想、气质和用心所在,可以发现一个人的潜力和才干,这无疑为领导者知人善任提供了极好的信息。所以,每一个领导者都要与下属融洽相处,细心观察和发现下属的兴趣,以作为考察和发现人才、培养和使用人才的重要依据。

2. 充分考虑下属的个人兴趣。一个人的兴趣所在,往往就是他的长处和优势所在。分配他所感兴趣的工作,将下属的积极性、主动性、创造性和责任感激发出来,工作就会干得好。而让做他不感兴趣的工作,就会感到百无聊赖,索然无味,即使提供给他的条件再好,

策略四
规避—无所知的激励

待遇再高，也难以取得成绩，因为他不能发挥自己的长处和优势，是"舍长取短"。所以领导者在给下属任职、定岗和安排任务时，应尽可能照顾到个人兴趣，使工作与兴趣、专长一致，为其提供一种适合其兴趣的工作环境，使每个人干的也是他最感兴趣的工作。例如，让"求知型兴趣"的人去钻研科学，研究问题；让"事业型兴趣"的人去独当一面，开创新领域；让"艺术型"、"运动型"、"娱乐型"兴趣的人去从事和组织文体事业，等等。另外，兴趣与年龄、职业、性格也大有关系。例如，年纪较大的人愿做比较稳定的工作；年轻人则活泼好动；技术人员热爱自己的专业；性格外向的人喜欢交际，愿意从事社会活动；而性格内向的人则喜欢自己埋头苦干，如此等等。领导者要善于根据每个人的特点和兴趣，扬长避短，量才授职，使每个人都最大限度地发挥自己的才能。

3. 帮助下属调整个人的兴趣。世上一切事物都处于发展变化之中，个人的兴趣也不是一成不变的，总是随着客观需要和个人条件的变化而变化，这就是人们常说的"兴趣转移"。这种转移并非都是坏事，有些顺应历史潮流和需要的"兴趣转移"应当给予肯定和鼓励。如鲁迅弃医从文、孙中山弃医从政等，他们为国为民作出了更大的贡献。近些年来对经济、法律、管理感兴趣的人越来越多，这是一个极大的好事，应当大力提倡。领导者就是要善于在客观需要发生变化的情况下，根据下属的各方面条件，满腔热情地帮助下属把兴趣调整到更合适、更需要、更能发挥能力的方面去，并为其新的兴趣创造适宜的环境和有利的条件。

4. 积极培养下属的个人兴趣。领导者虽然有责任把每个人都安排在最适宜其施展才能的岗位上，但由于工作需要和客观条件的限制，并不能使每个人的兴趣都得到满足，有时甚至完全相悖。在这种情况下，简单生硬地强调"个人服从组织"，搞强迫命令，显然是下策。上策是对下属说明情况，晓之以理，使下属心情舒畅，自觉以大局为重，服从事业发展的需要，还应当想些办法，培养他对新岗位的感情，为使其胜任新的工作提供方便，创造条件。

事实证明，兴趣也是可以培养的。人们学习某一学科，或者从事某一工作，开始并不一定都有兴趣。但只要做好思想工作，使其坚持在这一行干下去，天长日久，兴趣自然就产生了，就会不知不觉地爱上这一行，并做出成绩来。这里还要注意两件事：

一是当发现此人确实难以适应此种工作，或属于埋没人才时，应积极创造条件，改变这种现象，不能用"要干一行爱一行"来卡人家、压人家。二是当发现他在做好本职工作的同时，还有其它兴趣爱好时，不要说人家"不务正业"、"身在曹营心在汉"，一个人可以有多种兴趣爱好，只要无碍工作，都应当允许，有的还要给予支持，促进其全面发展，使其做出更多的贡献。

一个好的领导者最大的成就就是有一群好的下属，因为领导者的能力恰恰就体现为他如何驾驭好下属，使其发挥最大的潜力。"人无完人"，领导者不可能是"多面手"，做不到面面俱到，因此办很多事都不可能亲力亲为，都需要下属去办理。只要用好下属，充分发挥下属的能力，就可以提高办事效率，因而如何用好下属就成为领导者办事的关键。

除了正确对待下属的兴趣，适度而有效的奖励，也可以在最大限度上激发和保持下属工作的主动性和积极性。学会激励下属，正确地运用这些方法，是领导者的一种行之有效的管理手段。当然，激励

策略四
规避—无所知的激励

并非一定是物质奖励或者提拔他们到基层的领导岗位。在生活和工作中，领导者采用一些其它手段照样可以达到激励的目的，例如：

1. 在平日的工作中，真心地欢迎你的下属们表达自己的意见，提出工作上的建议，并对他们给予表扬或奖励。

2. 在开会或是其它场合，给予工作上表现出色的下属书面或口头上的赞扬。当然，这种赞扬是那种衷心地称赞，而不是冠冕堂皇地随便应付几句。

3. 经常抽空和你的下属吃午餐或者晚餐。

4. 经常抽出些时间，和你的下属们聊聊天，以便了解他们，和他们建立起良好的关系。

5. 了解下属在工作之外的业绩和其它方面的表现。

6. 在单位事业蒸蒸日上的时候，你要让那些为单位事业立下汗马功劳的下属们和你一起享受这些成就和荣耀。

7. 真心实意地给你的下属提升的机会，以满足他们的期望。

8. 如果有机会，将你的下属介绍给单位的最高层人员，并给予下属向他人学习的机会。

9.)要求自己和下属在工作和生活中都和气、诚实、公正、公开。

10. 给你的下属创造选择任用、旅行、参与新工作目标及任务的机会。

11. 鼓励你的下属对单位的发展提出自己个人的意见及构想，甚至鼓励他们提出和你意见完全相反的意见。

12. 鼓励下属向某一工作组织、社团或报纸吸收工作和其它方面的知识，以实现他们的个人理想。

激励员工12策略

13. 当你的下属实现了自己的人生目标，应该给予他们以物质和精神奖励，哪怕他们从此以后不再为你的单位工作。

14. 积极鼓励及奖赏那些尽力帮助单位摆脱困境，并向你提出建议和批评的下属。

15. 给予下属以竭尽所能、力争上游的机会。

16. 经常和下属们谈谈他们的人生理想、生活目标，并鼓励他们树立远大的理想和目标。

17.)要邀请你的下属参加决定影响单位前途和命运的会议，并鼓励他们发表自己的建议和意见。这样，他们就会自觉地将公司的命运和自己的命运紧紧地联系在一起。

无论是哪种形式的激励都胜于责难，责难有可能使一个人从此消沉下去、沉沦下去，但激励却绝不会有这样的副作用。无论什么时候，都别忘了激励你的下属，只有工作做到位，才能让他们热火朝天地为单位工作，创造出色的业绩，从而为你升职加薪增加筹码。

策略四
规避一无所知的激励

得老板者得舞台

与老板关系处理得如何,往往在很大程度上决定着老板能否理解并支持你的事业。和他们相处得好,有利于你的财富的积累和前途。相反,和他们相处不好,就会给你的发展带来很多不必要的麻烦,你的前途也就一片渺茫。

"老板"的概念意味着什么呢?有老板就有打工的,老板掌控着对打工者"生杀予夺"的权力,打工者任由他差遣。

下属能不能处理好自己和老板的关系,有着非常重要的意义。下属如果与老板关系很融洽,老板就可以为下属提供良好的工作环境和晋升机会,下属的工作有一点起色老板就会很快对此作出反应,给予一定的奖励,如果机会一到,老板金口一开,你的前途也就一片光明了。

在私营企业,下属的升迁和薪水几乎都是掌握在老板的手里。如果你很有能力,你已经做了很多事情,取得了不少成绩,可是老板还是没有对你表示鼓励,那么你就没有办法得晋升和加薪的机会。

那么,怎样才能够与上司建立起亲密的关系呢?

1. 正确看待领导。如果把上司看成你命运的主宰,成功的阶梯,去逢迎他们;或是把他们看作是做官的,与自己毫不相干,除了公事以外,彼此不闻不问,敬而远之;抑或觉得他们学历比自己低,对他们不屑一顾,这些作为都不易使你与上司相处。

激励员工12策略

正确的方法是应该把上司看做是与你的前途密切相关的人，是你的直接领导，你应该尊重他，使他对你产生好感。不论是上司的公事还是私事，你都应该积极关注，努力做好，这样，你才能与上司搞好关系，实现自己的愿望。

2. 服从领导的指令。"恭敬不如从命"，这是中国古老的至理名言。对领导，服从是第一位的。下级服从领导，是上下级开展工作，保持正常工作关系的前提，是融洽相处的一种默契，也是领导观察和评价自己下属的一个尺度。当然，服从也有善于服从、善于表现的问题。细心的人都可能会发现这样一个事实：在单位里，同样都是服从领导、尊重领导，但每个人在领导心目中的位置却大不相同，为什么会这样呢？这一问题的关键是能否掌握服从的艺术。有的人肯动脑子，会表现，主动出击，经常能让领导满意地感受到他的命令已经被圆满地执行，并且收获很大。相反，有的人却仅仅把领导的安排当成公事应付，不重视信息反馈，甚至"斩而不奏"，结果往往事倍功半。

善于服从、善于表现要掌握一个火候，机会来临时，一定要紧紧把握。当领导交给的任务确实有难度，其它同事缩手缩脚时，你要有勇气出来承担，显示你的胆略、勇气及能力。善于敬业、服从，巧于敬业、服从则更为重要。因为，在丰收的田野上，农夫有理由让人们记住他挥洒的汗水和不辍的辛劳。这不是虚荣，是实实在在的人生需要，也是你迈向成功的平台。

3. 上司面前，不要锋芒太露。有一类上司，视权力为一切，凡事一定要控制在他手中，以示其权力之大。这种人视权力为他的护身符。但如果你遇到这种上司，也不用急着打退堂鼓，仍有方法可与其相处。

策略四
规避一无所知的激励

如果你的上司以"争权夺利为荣",认为属下要想成就事业,必须要得到他的首肯或帮助,那么,对你来说,最保险的对应之道,是收敛起自己的锋芒,千万不要让他感受到权力及职位受到威胁。

杨修是曹操军中的主簿,是很有名的才子。他的遭遇,我们可以借鉴。刘备亲自攻打汉中,惊动了许昌,曹操便率领40万大军迎战。曹刘两军在汉水一带对峙。曹屯兵日久,进退两难,适逢厨师端来鸡汤。曹操见碗底有鸡肋,有感于怀,正沉吟间,夏侯惇入帐禀请夜间号令。曹操随口说:"鸡肋!鸡肋!"

人们便把这作为号令传了出去。行军主簿杨修随即叫随行军士收拾行装,准备归程。夏侯惇大惊,请杨修到帐中细问。杨修解释说:"鸡肋者,食之无肉,弃之有味。今进不能胜,退恐人笑,在此无益,来日魏王必班师矣。"夏侯惇也很信服。曹营诸将纷纷打点行李。曹操是个权力欲望很强的人,知道后,怒斥杨修并说杨修造谣惑众,扰乱军心,并以此为由把他斩了。

这里杨修无意中动摇了曹操在军中的威信,使曹操强烈地感受到自己的权力及职权受到威胁,这是大忌。属下要随时顾及这类上司的颜面,知道何时该进何时该退。当然更残酷的现实是,必须随时准备好忍受突如其来的辱骂。这类上司,会让下属备感挫折,但你一定要忍耐,并在适当的时机展现让他不得不依赖你的专长。

4. 与上司一起分担忧愁。作为下属,不仅要善于推功,还要善于揽过,两者缺一不可。因为大多数领导愿做大事,不愿做小事;愿做"好人",而不愿充当得罪别人的"坏人";愿领赏,不愿受过。在评功论赏时,领导总是喜欢冲在前面;而犯了错误或有了过失以后,许多领导都有后退的心理。此时,领导亟须下属出来保驾护航,敢于

激励员工12策略

代领导受过或承担责任。

某饮食公司因产品质量问题，引起社会公众的投诉。电视台记者到该饮食公司采访时，最先碰到经理助理，他怕承担不起责任，就对记者推卸道："我们经理正在办公室，你们有什么事直接去问他吧!"这下可好，记者闯进经理办公室，把经理逮个正着，经理想躲也躲不开了，又毫无心理准备，只好硬着头皮接受了采访。事后，经理得知助理不仅未提前给自己报信，还推卸责任于自己，很生气，很快就把他炒鱿鱼了。

这个教训值得人们深思：记者因产品质量问题采访，这本身就不是件光彩的事。此时，领导最需要下属挺身而出，甘当马前卒，替自己演好这场"双簧"戏。他除了应该实事求是地讲明问题的原因外，还应该维护领导的面子，替领导分忧，而不该把事情全推到经理一人身上了事。当然，这是一种比较艰难而且出力不讨好的任务，一般情况下领导也难以启齿对下属交代，只有靠一些心腹揣测领导的意图然后硬着头皮去做。做好了，领导心里有数，但不一定有什么明确的表扬；但如果下属粗心或不看眼神把领导弄得很尴尬，领导肯定会在事后发火。

领导管的事情很多，但并不是每一件事情他都愿意干、愿意出面、愿意插手，这就需要有一些下属去干，去代领导摆平，替领导分忧解难，赢得领导的信任和赏识。

小关是某信访办公室的科员，每天都会遇到大量的上访者要求见领导解决问题。领导精力有限，如果事事都去惊动领导，势必影响领导集中精力做好事关全局的工作，并且也会认为下属未承担起自己的职责。每当这时，小关总是利用自己的特殊身份，勇敢地站出来，分

策略四
规避一无所知的激励

析情况，解决纠纷，进行协调，必要时还使用一些强制手段把问题处理好。在排除无理取闹、胡搅蛮缠以外，一旦查实确有重大问题，再向领导请示。问题在他这儿总能处理得有条不紊，众人心服，他同样也获得了领导的赞扬。

挡驾是件得罪人的事，但同样也是一门艺术。如果做得不够，事事呈给领导，可能会加重领导的负担；如果做得过分，则会影响领导与下级和群众的关系。所以，就需要下属敢于负责任，对情况予以核实和整理，最后征求领导的处理意见。只要处理得体，你的良苦用心就会被领导所理解，并对你给予更多的鼓励，这就为此后建立良好的关系奠定了一个有利的基础。

由于高层领导处于各方面问题的焦点，着眼于全局考虑，有些问题不便于亲自处理，或处理不当就可能会引起全局震动，这时，下属就应挺身而出，把这些棘手事揽过来。

5. 做好领导的"信息搜集站"。为领导提供综合性的信息，这是身为下属义不容辞的责任。由于领导主要关心的是决策问题，大量信息的汇集、整理、筛选与剔除就要交给下属去承担。那些善于观察体会，能够正确理解领导的意图，为其提供所需信息的下属，才会"搔痒搔到正痒处"，为领导解决关键性问题，获得领导的赏识。无疑，这会大大促进领导与下属的情感，缩短距离，建立一种和谐、默契的上下级关系。

这就决定了搜集信息的工作不仅要强调综合性，还要注重独特性；不仅要实干，还要巧干，这样才能抓住要点，突出重点，解决难点，真正做好工作，赢得领导的好感。

如果遇到领导没有明确指派、却正在思考的问题，你就应发挥主观能动性，变被动工作为主动工作，去发现它，并提供相关的资料。

只要你心思细腻，善于观察与领会，是不难发现领导正在关注的问题的。

你可以通过下面几个方面加以延伸，这些方面有：领导在正式场合中的讲话，对哪些问题做出了强调，领导在私下谈话时对哪些问题发表过看法，褒贬如何；领导在文件批文中做过哪些删节、改动和指示；领导最近喜欢阅读哪些方面的书籍报刊、对哪些部门的活动比较留意……这些问题有时还是尚处端倪，没有形成系统的思路和观点，因此，你还有必要延伸，使之成为有根有据、符合实情的东西。

下属在给领导提供信息的时候还应注意本着实事求是、有利工作的原则，既给上司讲"好消息"，也给上司说"坏情况"，才便于领导全面掌握情况，正确决策。这是对领导忠心耿耿的表现，聪明的领导是会领会到部属的这种良苦用心，从正反两方面的意见中总结出正确的结论的。

6. 扮演好"耳边风"的角色。正所谓"智者千虑，必有一失"，"当局者迷，旁观者清"，再精明再细心的领导也有疏忽大意的时候，就连神仙都有打盹的时候，更何况凡人。一个小小的疏忽，有可能会使领导者在工作中处于被动地位，甚至使工作蒙受不必要的损失，受到上级的批评。作为下属，应努力留心领导在工作中出现的疏忽，并帮助其查漏补缺。提醒领导时，要注意三点：一是建议要透明，要尽量做到具体实在，不能泛泛而论，否则会让领导一头雾水。二是理由要具体，领导在设计一个方案时通常是经过深思熟虑的，如果你想完善或改进方案，一定要有充足的依据和理由。三是方法要巧妙，方法得当不但让领导更容易接受你的建议，而且会使领导明白你

策略四
规避一无所知的激励

为之解围的良苦用心。

要处理好与上司的关系，除了要注意上述6个方面以外，还应该借鉴以下方法：

1. 与上司相处最重要的是尊重主管人员的职权。在上司没做主张之前，有什么意见和建议尽管提出；一旦他已拿定主意，你就不要再争议。记住，你看见的只是其一，他定的却是全盘大计。你做的事，他必须负责到底。不要以为自己的想法比上司的高明，作为下属，服从领导是一种美德。

2. 不卑不亢是起码的态度。别千方百计地讨好上司，更不要牺牲同事来博取上司的欢心。但是适当地赞扬未尝不可，当上司有好方法、妙主意时，可以向他表露你的赞美之意。其实有主见的上司最见不得的是拍马屁的人，所以，过分的吹捧，就会适得其反。

3. 最得上司欢心的还是工作的表现。你工作有成绩，他也有一份功劳，你与上司处得越好，干得就越有劲；你帮他把事情办好，自己的前途也越光明。

4. 对上司应以诚相待。如果在业务上有两位以上的上司，你必须认清谁是你的主管，应将有关业务问题向他请示，获得他的信任与支持。另一上司交给的事情，在不相互冲突的情形下，也应尽力去办理。如果与直接上司的指示相冲突，你应委婉陈述困难，求得谅解，不可在两位上司之间投机取巧。否则，你会左右不讨好。

5. 公事公办。严肃也好，随便也好，让上司去选择。不要怕他，不要看到他就手足无措，或把他看做重要人物来崇拜。

有些人在领导面前手足无措，战战兢兢，连话都不会说，这些人领导是不会欣赏的，他也不会与你建立友好的关系。

6. 自己努力工作,还要上司赏识。应该把上司看做是与你的前途密切相关的人,是你的直接领导,你应该尊重他,使他对你产生好感。不论是上司的公事还是私事,你都应该关注,努力做好,这样,你才能与上司处好关系。

7. 不要伤害上司的自尊心。例如,不要越级汇报,不可当众谈论上司的私事。当上司的都是要面子的人,失去了面子,他就失去了威信,失去了尊严。

8. 在上司面前,要常常称道他人的才干,以促进上下级关系。一个精明的领导,不乐意别人在他面前搬弄是非,他会认为"来说是非者,便是是非人"。你应正面向领导反映情况,而不能不负责任地说同事的坏话。

9. 不要频繁地向上司谈论困难,如果要说困难,尽量同时提出解决的有效方法。否则,会使他低估你的办事才能。

10. 不要经常打扰上司,小事不必件件请示,有些事情等到有圆满的结果时再向上司报告。

11. 要使上司了解情况,这点最重要。不可对上级隐瞒情况,无论好的或坏的消息,都要及时报告。

12. 即使上司十分信任你,也应遵纪守法,不能擅自专行。否则,就会侵犯上司的职权或占夺同事的功劳。

如果你能按照上述方法去做,你就会在工作中取得成功。

如果你能这么做,上司就定会关注你,会把你当做一个人才来培养,也会自动地与你结交,你也会成为上司信赖的人,受到重用。与上司处好关系,也就是为你的前途奠定基础,这是你人生成功的第一步。

策略四
规避一无所知的激励

得老板者得舞台。在职场中，不但与上司相处要有一套学问，而且在找雇主时也要多个心眼，以下几种雇主不可追随：

1. 心胸狭窄的雇主。这样的雇主容不得员工的成长和发展，更不会创造条件让你事业有成。

2. 多疑的雇主。这样的雇主所持观念是人治胜过规章制度，这类公司通常没有上轨道的制度。如果你是一个部门主管，经常会在非工作时间接到雇主电话；如果你是基层员工，他也经常会对你表示不痛不痒的"关切"，跟着这样的雇主工作，心理负担之重可想而知。

3.)感情生活复杂的雇主。这类雇主往往喜欢雇用年轻漂亮的女员工，也喜欢用"感情"处理人际关系。你可以想象一个终日拈花惹草、绯闻不断，将最宝贵的时间都耗费在感情纠纷上的雇主，是根本无法冷静地经营企业的。

4. 言行不一的雇主。这类雇主最常说的一句话就是："赚这么多钱对我并没有什么意义。"实际上，利润是公司生存的唯一命脉，又何必否认呢？

5. 朝令夕改的雇主。这样的雇主可能会不断地给你新指示，你花费许多时间策划的方案，雇主可能在实行三天后便取消了，或者花费数月酝酿的一个计划，可能因为他一句话而宣布作废了。这样的公司上上下下天天都会很忙，但大家忙的都是收拾残局、挖东墙补西墙。

6. 没有成功经验的雇主。如果你的雇主经常沾沾自喜地说："我经历过的事情太多了，像我这样垮下去又能站起来的人毕竟不多，我有我的独到之处。"这时你就应该怀疑自己的雇主了，如果不是他有某些重大缺点，他不会总是经历失败。一个没有成功经验的雇主，又怎么能肯定下次一定会成功？

激励员工12策略

7. 喜新厌旧的雇主。每个公司都会有几位"元老",时间长了你会发现,这类员工大都在公司事业稳定之后被"杯酒释兵权"了。这类公司员工的流动率通常都会很高。

8. 事必躬亲的雇主。如果你的雇主常说"无论大事小事,我不经手就一定会出差错",并以此引以为傲的话,你就应该想到,这位雇主肯定留不住人。雇主不问大小事都要亲自参与,他怎么能放心让属下独立工作?特别是在事必躬亲的雇主不在场的时候,无法独立工作的属下"出错"的机会就更多。一个有创意、具备独立工作能力的人,绝不希望这样的雇主常在身边唠叨。

9. 爱听甜言蜜语的雇主。一般说来,雇主不可能听到批评还会心花怒放,但如果连善意的批评和宝贵的建议也听不进去,并因此影响了员工在公司的发展,则人人都会噤若寒蝉。

10. 鱼与熊掌都想兼得的雇主。这类雇主既要马儿跑,又要马儿不吃草,到头来二者都得不到。他们常常会因小而失大,既不知何所取,也不知何所舍。

策略四
规避—无所知的激励

让企业成为一个大家庭

家庭,是每一个人成长的地方,是心灵的港湾,是一个人度过终生的地方,是情感主导的世界。每一个人可以没有钱,可以没有读过书,可以没有得到过一项荣誉,甚至终身都在别人的支配下工作,但是唯独不能没有家。

在公司或团队中,管理者与被管理者应该成为"过去时"的概念,你应该让你的组织跟上时代的脚步,在一个分享民主与参与管理的氛围中建立起你温暖的企业大家庭。

其实,在现代组织中的每一个人,在他们的内心深处都有着强烈的成为主人的愿望与使命感。因为人类的本性就是向往着自由,渴望成为主宰自己命运的主人。社会的不断进步,终于冲破了那些桎梏人性发展的不平等制度与观念,解放了人们的思想和行动的手脚,当他们在寻求自我发展,实现自我价值的探索中进入了你的组织,成为了团队的一员的时候,你是绝不能用停留在20世纪六七十年代的方式来"驯化"压制他们的。团队对他们来说应该是一个自由交流思想,充满人情味的大家庭,在这样的氛围下,那个潜藏在内心深处的主人翁责任感与团队精神便会迸发出来。

对于管理者们来说,与员工的座谈或是聚餐似乎是司空见惯的事。也许你会认为这是你所能想出的最好的感情交流的方式了。其实这还远远不够!

激励员工12策略

　　在一家集团化的大企业，一位经理就建议每隔几个月在各个部门搞一次"会餐"，准备一些普通的自助餐或份饭，请全体员工和家属自由参加。

　　会餐在工厂的食堂内举行。在那里，大家无拘无束，品尝着自己喜欢的食物，畅所欲言，特别是企业领导与员工及其家属们一起举杯，为他们所创造的业绩相互祝贺。

　　对于那些到来的职工家属们，一位经理一脸的惊喜："真令人惊叹，对有的人来说，这是他们在本公司工作以来的12年里家属们第一次跨进公司，第一次看见他们的丈夫或妻子、儿子是在什么样的地方工作。"

　　这些家属在享受美餐的同时，还会领到公司发送的纪念品。

　　当无数个小家庭融入了组织这个大家庭后，员工们从他们小家庭成员的笑脸上得到了身为团队一员的荣耀，同时也意识到，只有团队这个大家庭的发展才有他们小家庭的美满幸福。这似乎比起那种所谓的"座谈会"所具有的效力强得多！

　　在你创建的温暖大家庭中，除了具有团队对成员的温情，还要给他们一些活动的余地和空间，让他们的奇思妙想尽可能成为现实。

　　在一家中型计算机公司，一位员工将自己拟好的销售计划在下班时塞在了经理办公室的门把手上，不久，他便被邀去说明情况。经理开门见山地说："计划写得不错，就是字迹太潦草了。"这位员工紧张的心放松了下来，随即问道："这项计划的预算开支可能较大啊，要不我再找两个同事一起商量商量，然后再向您汇报一下。看看我们如何干才好？"经理不等他说完便打断了他，"费用对我们公司来说问题是不大的，我看计划确实不错。你要是有信心干好，那就去干

策略四
规避一无所知的激励

吧,别让时机错过了!"

员工先是大吃一惊,然后信心十足地拿起计划离开了。大约两个月以后,这位员工将销售业绩摆在了经理的桌上,又谈起了扩大营销的策略。

事后这位经理说道:"如果当时我们看了计划后,又是去审查,又是去考证,不但会耽误战机,而且肯定在员工的心理上产生负担。要知道,牵扯这么大数目的费用,他再有胆量,也还是要犹豫的。看看现在不是干成了吗,给他们留出充分的发挥空间,对我和团队都没坏处。"

在团队发展的过程中,遇到的最大难题其实并不在于外在的环境,而在于内部的氛围。如果每个人在团队中都切实有自己的一方天空,都能自主地管理相关的事物,在和谐的氛围中无阻碍地交流信息,那你这个家庭就是稳定的,主人翁精神便会成为每个人实现自我价值的最终追求!

在这里,我们举一个日本公司的案例,他们甚至将温暖大家庭的团队组织理念用在了年轻员工的能力开发上,并收到了非常好的成效。

日本神户制钢所为了提高本企业研究部门新进年轻员工的开发能力,他们开始推行一种被称为"兄弟制度"的互相共学方式。所谓的"兄弟制度"就是每位新进的"家庭"成员,都必须与一位在神户制钢所工作达五年以上的资深研究成员结成对子,结拜为兄弟,在共同的"家庭"生活中,兄长负责新进员工的培养教育工作,而作为弟弟的员工必须在谦虚好学的基础上,为"大家庭"的发展献计献策。

由于"兄弟制度"的推行,使得新老员工之间建立了一种紧密联系的纽带。虽然,这是非血缘关系的,但那种朝夕共处,相互切磋的团队生活方式在新老员工之间培养了犹如兄弟般的情谊,使得一向冷漠的研究开发部门,变成了人情味洋溢的团队。

温暖大家庭的建立是组织中每个成员共同的向往,这不仅需要企业领导积极健康的引导,也需要每个人主人翁精神的回归。

让企业成为一个大家庭是情感管理追求的目标。一个人很少会背叛家庭,同理,一位人才也不会轻易离开家庭式的企业。日本丰田公司通常只招收刚毕业的大学生,并终生雇佣。员工视公司如大家庭,终生忠诚奉献;公司则视员工如子女,永远照顾。

"摩托罗拉让员工有家的感觉"是摩托罗拉公司能够吸引人才和留住人才的所在;正因为摩托罗拉尊重每一个人,当然每一个员工也与同样的方式回报它。

日本索尼公司总裁盛田昭夫谆谆教导新加入公司的员工:"索尼是个亲密无间的大家庭,每个家庭成员的幸福全靠自己的双手来创造。在一种崭新的生活开始之际,我想对大家提出一个希望:当你的生命结束的时候,你们不会因为在索尼度过的时光而感到遗憾。"

索尼的确是个大家庭,不仅仅因为索尼基本上实行终生雇佣制,绝大多数员工都要在索尼度过一生,还因为在公司里,企业管理层没有视员工为外人,而是把他们看做索尼家庭的成员。在很多工厂里,员工甚至与老板具有同等的地位。索尼工厂的任何一位管理人员都没有自己的个人办公室。索尼提倡管理人员和他的员工在一起办公,并共用办公用品和设备。索尼强调家庭式的责任感和协调精神,以此激发每位人才的主动性和积极性,激发他们参与管理的热情。

索尼大家庭式文化还表现在对员工的关心和对不小心犯过错误

的员工的宽容上。如果发现某个员工更适应其它职位的工作，公司决不会漠然视之。索尼也从来不因为某个员工的偶然过失而解雇职工，而是给他一个改错的机会。索尼认为，最重要的不是把错误归罪于某人，而是找出错误的原因。这种做法就是以对职工的充分尊重和坚定的信任为基础的。

创建于1878年的美国通用电气公司是最注重情感管理的企业之一。

通用的情感管理方式之所以获得成功，是因为通用电器成功地掌握了情感管理的内涵，并采用适当的方式予以实施。通用电气把情感管理的要素概括为以下几点：

1. 理解员工心理

普通的企业对于员工的晋升和考核，往往采用考试、面试和按个人或部门业绩、个人专业能力等依据来判定。通用电气当然也会采用这种方式。但是，通用有它的特殊性，就是它的晋升、晋级的考试命题并不都是来自经济学典籍，也不都是来自那些晦涩难懂的经营理论专著，而是莎士比亚作品中的一部，题目就是写一篇"读后感"而已。

开始时许多经理百思不解，甚至牢骚满腹。后经专家点拨，才明白原来这是对企业高级管理人员的基本心理素质测试。试想，连一部世人皆知的文学作品中的人物心理尚不能把握的人，又怎能去理解企业内数千名甚至上万名员工的心理呢？这就是通用电气一直强调的情感管理的首要要素。

2. 企业就是大家庭

将企业培养为一个大家庭是一种"高感情"管理方式。通用电气作为高技术企业,面临着激烈的竞争,风险很大,更需要这种"高感情"管理。

原通用电气总裁韦尔奇坚称,只有速度足够快的企业才能继续生存下去,因为世界的"脚步"在不断加快。他认为,世界正变得越来越不可预测,而惟一可以肯定的就是,必须先发制人才能适应环境的变化。而官僚主义是大公司的通病,会毁了企业的前程。因此,通用电气强调文化和情感管理,认为这是医治拖垮大企业的官僚主义顽症的"良药",也是减少内耗、理顺人际关系的"润滑剂"。

3. 公司内部民主、平等

每一个人都渴望平等,尤其是那些并不居于高位的员工。实行公司内民主,不但有利于各部门及人员之间的关系融洽,而且有利于决策的科学性和提高生产率。通用电气为了使民主真正地贯穿于人力资源管理之中,改变了以往人事调配的做法,而是建立了"建言报告"制度。这是一种由职工自己判断自己的品格和能力、选择自己希望工作的场所、尽可能由其自己决定工作前途的"民主化"人事管理制度。"让棋子自己走",更能发掘人才潜力,对公司发展和个人前途都有利,真正达到了留住人才和激励人才的目的。

此外,通用电气的一些工厂从1983年起每周三由基层员工轮流当一日"厂长"。"一日厂长"9点上班后,先听取各部门主管汇报,对整个厂子的运营有了全盘了解后,就陪同厂长巡查各业务部门和车间。"一日厂长"的意见,都详细记载在《一日厂长工作记事》上。各部门、车间的主管根据其意见提出整改措施,改进自己的工作,并报告改进成果。各部门、车间或员工送来的报告,需经"一日厂长"签批后再呈报厂长。这项管理制度成效显著,第一年就节约生产成本达200万美元，节省下来的钱有一部分作为奖金发给员工，全厂上下皆大欢喜。

4. 员工是上帝

通用电气向来非常尊重员工的意见和劳动。1990年2月，机械工程师伯涅特在领工资时，发现少了30美元的加班费。于是，就便去找自己的直接上司问个究竟，而主管表示无法解决。于是他便给通用电气总裁斯通写信："我们总是碰到令人头痛的报酬问题。这已使一大批优秀人才感到失望了"。

斯通立即命令有关部门妥善处理此事。三天后，他们补发了伯涅特的加班费，并且向伯涅特道歉。斯通以此事为契机，了解到那些"优秀人才"待遇较低，通用公司相应地调整了工资政策，提高了机械工程师的加班费。恰巧《华尔街日报》报道了这一事件的全过程，在美国企业界引起一定的轰动，进一步树立了通用良好的企业形象。

时时惦记着员工

海尔集团首席执行官张瑞敏曾说过这样一段话:"要让员工心里有企业,企业就必须时时惦记着员工;要让员工爱企业,企业首先要爱员工。"可见,留住你的员工,也是要讲感情的。对员工的工作、生活进行全方位的关心,使员工深深感觉到团队对自己的爱护与关怀,是留住员工的重要措施。

1. 表示你对员工的重视

团队最大效力的发挥依赖于每个参与其中员工的表现。无论在团队中处于什么样的位置,他们都应该受到重视与尊重。因此,不要吝惜你的关怀,尽可能地多听听他们的意见,你应该让他们看到或感觉到,自己有多么重要。

2. 关注员工的健康状况

对员工健康情况的关注已不仅仅局限于"医务室"的设立,很多知名企业为本公司员工聘请专业的健康咨询公司,其任务就是定期核查员工的身体及精神健康状况,为每个员工度身定制其健康计划,从健康讲座到公司团队全员的健身计划。有些企业还与健身中心或当地的健康俱乐部相联系,为员工的个人健身提供便利。

3. 不要忽视工作餐

午餐对于团队员工来说,是一日三餐中最重要的。很多员工早上吃早餐匆匆忙忙,晚上可能还要加班,将晚餐拖后,午餐的营养如何对员工的身体健康至关重要。现在很多公司都为员工提供免费的工作午餐，有的公司将午餐业务外包，有的公司设有专门的配餐部门，但无论哪些形式，公司对午餐的营养搭配、品种选择都要予以关注。

4.保证员工的工作安全

强调团队的安全工作是对员工生命的尊重，光在口头上空谈安全的重要是远远不够的。安全信息必须不折不扣地传达到一线并设立规章制度确保执行。一般来讲，一线领导对于安全责任制度应予以明确。"人"才是公司团队最宝贵的财富，当工作效率与安全问题发生冲突的时候，要坚持安全第一的指导思想。

5.留意每个节日与每个员工的生日

节日庆祝与生日礼品不仅仅意味着对员工的关怀，还可以调剂日常的团队工作氛围。在传统节日到来的时候，可以依据节日内容的不同搞一些适当的活动，如春节的大红包、儿童节时送给员工孩子的礼物、中秋节的月饼，等等。

6.提供舒适的工作条件

员工选择工作团队的时候，工作条件是否舒适是重要的参考因素之一。办公地点的选择，办公环境的布置，上下班班车舒适与否，员工专用停车位的设置等都是企业所要考虑的因素。在公司的某个角落建一个小小的吧台，柔和的灯光下可以看看新近的杂志，对于员工来讲绝对是不小的诱惑。其实大多数的员工对工作都怀有一点小小的虚荣，很多公司在招聘过程中突出工作条件的优越，也是抓住了大家这样的一个心理。

7.不要忘了员工的家庭

对员工家庭的关怀往往比对员工自身的关怀更能抓住员工的心，

因为员工在公司团队的种种表现让员工在家庭面前很在成就感，满足了他们的"面子"问题。例如，员工的家属生病住院，公司应及时派代表予以探望；员工的子女升学时成功考取名校，可以给予适时的鼓励。当然，员工的婚姻大事更希望能得到全体同事的庆贺，团队不妨把这也当作一个聚会的契机。很多公司对于家庭暂时出现困难的员工予以财务上的支持，"雪中送炭"的深情厚谊会令员工永远难忘。

8.杜绝一切歧视

团队的员工可能来自于四面八方，个体上存在着不少的差异，而且，对于每个人来讲，都有自己的优势，也都存在着自身的劣势。作为团队领导，要着重强调对于歧视行为的否定，一旦发生，要严格予以批评；否则，将会为此付出员工离职的代价。工作中的歧视一般会发生在以下方面，即口音、身高、体重、皮肤、教育背景、居住地区、婚姻状况、人际关系、口头语等。不要因为这样的歧视行为而吓走或赶走优秀人才。一旦发现歧视的现象，团队管理者要立即采取果断措施来清除歧视。

9.积极解决员工的后顾之忧

当然，在不影响团队工作质量的前提下，或者可以说，只是暂时的在一定程度上影响到工作质量的前提下，要尽可能地多替员工考虑。例如，员工的家属病了需要照顾，可以在早、中、夜班安排上进行协调；员工孩子的医药费用，公司给予适当承担；可以以公司的名义为员工的孩子联系请英语家教，等等。解决了员工的后顾之忧，员工才能对目前的工作投入更多的精力，才会对所在的团队有更深刻的认同。

策略四
规避一无所知的激励

把尊重做到一点一滴中去

要想把员工积极性、创造性发挥出来,尊重则是团队管理的基本部分。尊重会使员工感受到自己的重要性,让员工们有一种满足感,所以说尊重员工是团队领导所必须坚持的。

1.定一种礼貌的基调

工作时和你的员工热情地打招呼,说"请"、"谢谢"等。当你将一项工作计划交给员工时,不要用发号施令的语气,真诚恳切的口吻才是上选。对于员工出色的工作,一句"谢谢"不会花费你太多时间,但却可以使你得到丰厚的回报。员工会对你的态度感到欣慰,觉得为你工作是值得的。

2.对员工一视同仁

身为团队领导的你不应被个人感情所左右。不要在一个员工面前,把他与另一个员工的工作相比较,也不要在分配任务和利益时有远近亲疏之分。而且你对每个人说话的语气要公平一致。这意味着,每一个人,包括你自己在内,都要遵守工作标准,在你的团队里,恐吓与歧视是被禁止的。当你有求于你的部下时,应该尽量避免以命令的口吻,抱着征询的态度去谈。同样是"你去做这件事"一句话,由于语调的不同,给人的感受就会有很大的差别。对于领导的谦虚,敏感的下属是不会浑然不觉的。

3.尊重员工的个性

发扬员工自身的优点。无论如何,人总是喜欢在自由自主的环境中做事,惟有如此,创意和灵感才能层出不穷,工作效率才会提高,个人成长的速度才会加快。因此,领导站在培养人才的角度上,应该因人而异,提供适合每一个员工发展的位置和环境。

4.尊重每位员工的奉献

无论这些贡献是大是小,是多还是少,都不应该忽视他们对团队所做出的奉献。打扫工作区环境卫生的保洁员,或是修理机器小部件的修理工,他们都是团队取得成功的必不可少的一部分,要让他们感觉到自己的劳动很重要,让他们感到有认同感。

尊重员工才能真正地了解员工、管理员工,不带任何个人喜好,设身处地地为员工着想,把尊重做到工作的一点一滴中去,才是一个"善解人意"的"可爱"的好领导。

精明的领导是善于拿"尊重"二字在员工身上做文章的。团队要有发展后劲,作为团队管理者必须明白:不论你本人多有本事、多有才能,你的团队的现在和将来都得靠员工。更直接地说,团队的命运实际上就掌握在那些最年轻的职员和员工的双手中。因此,对于团队的管理者来说,很重要的一个任务就是要精于和团队成员建立一种健康的融洽的关系,对待任何人都一视同仁,不偏不倚。

尊重别人从点滴做起,善待每一位员工,在团队内部营造出一种新型的家庭式的亲情与和谐的氛围,最终形成各层领导们与员工之间同舟共济的感情。

策略四
规避一无所知的激励

适时为下属端上一杯茶

无论任何企业或团队，它的管理者不应该是高高在上使人望而生畏的权威者，而应成为站在员工身后促使他们前进的推动者。

日本企业家松下幸之助曾经说过，社长必须兼任端茶的工作。当然，这里的意思并不是真的要社长亲自端茶倒水，而是说一个称职的团队管理者，至少应该把这个想法视为理所当然。

随着历史的不断发展，社会逐渐趋向更民主。现在的企业团队管理者，已不再是那种可以任意支使别人的领导者了。对于辛苦争取来协助工作的员工，过去的领导会说："喂，某某人你去做件事。"可是现在却应改为："对不起，麻烦你去做这件事。"如果不用这种和善恳求的口吻，就很难达成用人的愿望，所以形式上虽然仍维持着领导与下属的关系，但却不可能再有完全命令式的语气出现。团队领导者对于这种结构性的转变，调整自己的态度，改变唯我独尊的想法，只有这样才不会被时代淘汰。

一旦你有了这种温和谦虚的心胸，那么看见尽责尽职的员工，自然会满怀感激地说："真是太辛苦你了，请来喝杯茶吧。"

如果你能诚恳地把心意表现出来，自然能使倦怠的部属振奋，从而增加工作效率。即使是团队的职员人数众多，无法向每个人表示谢意，但只要心存感激，就算不说，行动也自然会流露出来，传达到员

激励员工12策略

工心里。所以松下幸之助在经营企业时,每天都会问自己:"今天,我要替几个人端茶呢?"虽然他没有亲自动手端过茶,但他的员工已经感受到了他的诚意了。

不过,端茶的比喻不能被误解。毕竟,领导就是领导,虽然态度上他可以谦逊得像个端茶的服务生,但他仍旧是整个团队方向的指示灯。

管理者为了完成指示灯的任务,一方面必须站在部属背后,推动大家前进,但重要的,还必须明确地设定团队的方向与目标。这个"方向"就是企业团队的经营理念,也就是适合实际情况的团队目标。

在经营的早期,松下幸之助先生所采取的做法是,在每年的1月10日,都要召开一次经营方针的研讨会,把预定的方针和目标公布出来。例如,在1957年,他定了一个"五年计划",预定到1961年时,把公司的营业额从1956年的200亿日元,增加到800亿元。本来,这种长期计划,只有政府机构才可能实施,民营企业就算有,也不对外公开,因为若把长期计划公开,就等于把业务机密告诉给竞争对手,这样当然是对自己不利了。但松下幸之助却认为,公开计划有更积极的意义,所以也就不在乎任何人了。

那时,公司所有员工听了他的计划之后,都议论纷纷地说:"千辛万苦才达到200亿日元的目标,一下想跳到800亿日元,谈何容易。"幸运的是,虽然有些人认为这个目标难度太大,但大部分人赞同,愿意共同努力,全心全意朝这个目标迈进。更幸运的是,那几年经济景气,一般家庭正处在电气化的尖峰时期,所以他的"5年800亿日元"的目标,居然只花4年的时间就实现了。到了1961年,公司总营

策略四
规避一无所知的激励

业额突破1000亿日元,像这么好的成绩,对于当时的他们是不敢奢望的。

于是,松下幸之助先生在1960年又公开发表了从1965年起,实施每周休假两天的新计划。

他的想法是,当时世界各国都在提倡自由贸易,日本企业也迟早要进军国际市场。到时候,工作的要求势必愈来愈严格,员工的身心也愈容易疲劳。而为了使员工素质符合国际水准,使公司的生产和销售线结合起来,一周一天的休息时间是不够的,必须规定每周放假两天,一天休息,一天学习进修。

可是当他把这个计划正式发表以后,企业内部却有不同的反应,连原来主动要求这个计划的工会,居然也怀疑他是另有企图而大力反对。可是他的坚持终于使工会软化,并且愿意合作。所以在5年的筹备期中,公司设法提高生产力,到1965年,在不减薪,也没有减少收入的情况下,实行了每周休假两天的制度。

到了1967年,松下幸之助又宣告:"我打算在5年之间,把公司员工的薪水调升到现在的两倍,使员工的收入超过欧洲各国,而与美国相等。"为了达成这个目标,公司还是得冒风险,因为可能由于薪水调整过快,影响到产品的成本结构,从而与国际市场失去平衡和协调。所以他一直在考虑公司员工,乃至工会之间,应该怎样彼此配合,以达成预定的目标。在员工的共同努力下,5年内完成了目标。他说,这些成果虽然值得骄傲,但并不是我一个人的力量,如果公司靠我一个人,不管我怎样努力,这些目标仍是达不到的。

松下幸之助先生只是把自己当成一盏指示灯,他常常对部属说:"这些不只是该做的,也是大家努力的目标,如今我已经把目标指出

激励员工12策略

来了,其余的,就靠你们来完成。"事实也正是如此,以后的事,他总是站在后面对员工给予鼓励和慰劳。

对于重大事务,都应该先订出一个目标,目标决定后,就放手执行,团队管理者退居到幕后,尽量减少干扰。这样,才会充分地发挥出员工的能力,以拓展业务。管理者的任务就是指明前进的目标,否则员工就会无所适从,更谈不上工作成果了。

指示目标并不只是团队管理者的任务,部门主管等其它各级领导都要有相同的责任。每个部门有每个部门的工作目标,把这些目标组合起来,就能成为辉煌的工作成就。身为团队决策者,不只是指示目标,还要善于体谅员工辛劳,适时地替他们端上"一杯茶水"。

建立合理有效的激励制度,是企业管理的重要问题之一。松下公司对员工提供的物质条件,在日本算不上是最好的,而公司却可以网罗到一大批优秀人才。公司上下充满了活力,每个员工都表现出强烈的责任心和事业心。松下公司正是以一套激励机制为杠杆,借助高水平的管理手段,为员工创造良好的工作环境,充分开发每个员工的潜能,鼓励员工为公司创造价值,同时实现员工自我满足。

反观国内企业,虽然近年来越来越重视管理激励,并尝试着进行了激励机制改革,也取得了一定的成效,但在对激励的认识上还存在着一些误区。

1、激励不等于奖励

目前国内很多企业简单地认为激励就是奖励,因此在设计激励机制时,往往只片面地考虑正面的奖励措施,而轻视或不考虑约束和惩罚措施。

有些虽然也制定了一些约束和惩罚措施,但碍于各种原因,没有

策略四
规避一无所知的激励

坚决地执行而流于形式，结果难以达到预期目的。

从字面上看，激励有激发、鼓励、诱导、驱使之意。而在管理科学中，激励不等于奖励。仅仅将激励狭义地从字面理解为正的鼓励，只强调利益引导一个方面是不准确的，用于指导实践则是有害的。管理激励，从完整意义上说，应包括激发和约束两层含义。奖励和惩罚是两种最基本的激励措施，是对立统一的。

另外，应该让员工参与管理，例如在本案例中提到：解释清楚做某事要达到什么目的，员工会把事情做得更好；告知员工他所担任职务的重要性，会让他们有责任感。有些高素质的员工，假如只是让他按部就班的机械式工作，即使给他丰厚的奖赏，他也会有一种失落感、孤独感。若积极性受到打击，创造性可能遭到扼杀。

2、激励因人而异

许多企业在实施激励措施时，并没有对员工的需求进行认真的分析，"一刀切"地对所有人采用同样的激励手段，结果适得其反。不能将全体员工简单地"一视同仁"，对科技人员和工人采用同样的激励手段：奖金加表扬。科研人员得不到实质的尊重和地位，他们的积极性便会受到打击，他们追求的是事业的成就感。对于不同的个体应当具体分析，采取不同的激励方法。从工人的个人需求来讲，采用物质激励会更有效。从公司利益考虑，从事简单劳动的工人，创造的价值较低，人力市场供应充足，对于他们采用物质激励是适用的和经济的。相反，高层次的技术人员和管理人员，来自于内在精神方面对成就的需要更多些，而且他们是企业价值的重要创造者，公司希望将他们留住。因此公司除尽量提供优厚的物质待遇外，还注重精神激励（如优秀员工奖）和工作激励（如晋升、授予更重要的工作），创造

激励员工12策略

宽松的工作环境，提供有挑战性的工作来满足这些人的需要。

在管理实践中，如何对企业中个人实施有效的激励，首先是以对人的正确认识为出发点的。从一般意义上说，凡是能够促进人们工作或调动人们工作积极性的因素，都可称为激励因素。通过对不同类型人的分析，有针对性地进行激励。

随着社会生产力水平的提高，人类自身的发展激励因素也在不断地变化。在不同的组织结构中，在不同的文化背景下，甚至在每个人的不同发展阶段，激励因素也会有所不同，对激励因素的分析，将有助于设计有效的激励机制。

3、激励要建立在客观的评估之上

给予奖赏，但奖赏要与成就相当。一些企业发现，在建立起激励制度后，员工不但没有受到激励，努力水平反而下降了。某公司推出"年终奖"的计划，本意是希望调动企业员工工作积极性，但是却因为没有辅以系统科学的评估标准，最终导致实施过程中出现了"平均主义"，打击了贡献大的员工的积极性。奖金本来是激励因素，可在实现过程中出现了偏差，使组织成员产生不满意感，以致变成去激励因素，抑制和消减员工的工作热情。

一套科学有效的激励机制不是孤立的，应当与企业的一系列相关体制相配合才能发挥作用。其中，评估体系是激励的基础。有了准确的评估才能有针对地进行激励。在激励实施的过程中，一定要注意公平原则，让每个人都感到自己受到了公平对待，必须杜绝平均主义、"一刀切"。

美国企业家艾柯卡说："企业管理无非就是调动员工积极性"，而调动员工积极性正是管理激励的主要功能。激励涉及了一个组织的各个方面。只要创造一个能使员工感到是在为他们自己工作的环境，并使他们感到他们在工作中是与他人平等的合作者，才能提高员工的工作士气，进而提高组织的效率。如何实现"组织和个人利益的一致"是摆在每个管理者面前的课题。

充分肯定优秀的工作

《福布斯》是美国第一大财经类杂志，它的总裁马孔·福布斯非常善于评价员工的工作。有一次，《LAI周报》的承包印刷商送给马孔·福布斯一瓶香槟，恭贺这份刊物的订户超过2.5万户。马孔·福布斯当即把那瓶香槟送给雷·耶夫纳，还在上面附了一张纸条说："这是你的功劳。"当时，《LAI周报》在雷·耶夫纳的努力下，重振雄风。收到这份意外礼物，雷·耶夫纳自然会加倍努力了。

领导可以通过制定目标，让下属知道领导对他们的期望是什么，怎样才能获得奖赏，促进下属的工作愿望，激发他们的工作热情。

由于工作出色受到奖励，下属们还能认同到整个组织的行为方针，认识到领导在时刻注意着他们的任何工作成绩，心里会有被承认的满足感和被重视的激励感，并进而保持高昂的工作热情和责任心。

这种奖励体系对于维持整个组织系统的高水平动作是非常重要的。如果工资只和工作时间及生活费用的增长有关，和个人行为表现关系甚小，下属的经济动力就会减小。

许多奖励,如额外休假、发奖金、加薪、提升等等,都会增加公司的开支。经费紧张的时候,可以采取另外一些奖励方法,如表扬,当着别人的面给予肯定,增进领导和下属的私人友谊等等,这些也是很有效的激励方式。运用这些方法能使职工期待领导的表扬或肯定,因而更加自觉努力地工作。

至于加重其责任,不仅仅意味着给他更多的工作,还要给他更多的自决权,对后果负更多的责任,减少监督以示信任。这也是一种奖励,它给予下属以发展的机会和个人价值被承认的满足。下属越值得信任,你的监督就越少。

在许多企业中,领导对下属评价不严格,几乎每个人都获得过不同程度的奖赏,而优秀的工作人员就不能脱颖而出,只能被埋没在普通人之中。许多过滥的奖赏降低了应有的"含金量",也失去了应有的意义。还有,表现出色的人如果没有获得一定的实际利益,如提升,调他到其更喜欢的岗位上,这种奖赏也同样毫无意义,久而久之,下属的工作热情就会消退。

领导必须区别每个员工工作的好坏,以给不同的人以不同的评价和物质待遇。你可以要求属下们互相注意各自的表现,判断各自获得的评价是否公正。

不公正的评价,不论是过高还是过低,都会打击下属的士气,影响领导的威信。而作为领导,则必须保持自己的信誉,否则你的各种评价都会为下属不屑,你也就失去了影响他们的力量。

如果你确实很想给某个员工的出色工作以一定的回报,你可以给上级领导写一封信专门介绍这个人,同时将副本给该人。这封信将成为这个下属的家庭的喜讯。当然,给出好的评价是比较容易的,特别

策略四
规避一无所知的激励

新上任的领导,很难写下不好的评语。但是一定不要使好评语泛滥,要敢于实事求是,褒奖得体。如果你能对下属的工作表现随时记录的话,这其实不是问题。

激励员工12策略

策略五
通过工作本身来进行激励

许多管理专家认为，如果你能够让工作变得更加有趣，就不需要太多的外部激励，况且，仅仅依靠外部激励往往是不够的。通过有趣的工作来激励个人是基于内部激励的原理。内部激励是指能够满足一个人对于提高自己技能水平需要的程度的活动以及满足一个人自主决策需要的活动。人们并不是为了寻求外部回报，而是因为工作本身。

激励员工12策略

策略五
通过工作本身来进行激励

工作丰富化和打造工作

工作丰富化是指通过让工作变得更加多样化,以及在工作中让员工承担更多的责任来让工作变得更加有趣和令人满意。打造工作是工作丰富化的一个新发展,它允许员工个性化设置自己的工作内容。如果完成一项工作需要运用员工更多的才华和能力,那么这项工作就被认为是丰富的。随着工作变得更加有意义,你会受到更多的激励,生产力也会随之提高。但是,如果你不希望工作丰富化,那么这一措施将没有任何意义。一个气愤的员工对于他所在部门开展的工作丰富化活动做出了如下评论:

我的工作的确变得更加让人兴奋,但同时它也变得更加让人辛苦。我现在要做更多的事情,这也就意味着我要学习更多的技能。每天工作结束的时候我更加疲惫。我最大的不满是我的薪水却没有增加一分。如果管理人员丰富了我的工作,那也请他们丰富一下我的钱包。我可不想被人利用。

事实上,有关工作丰富化的研究以及实践已经有很多。比如,工业心理学家弗雷德里克·赫茨伯格在军队和公司中主持了许多工作丰富化的项目,这些项目总共涉及10万名员工。他那堪称经典的研究工作告诉我们,一项工作只有满足8个方面的重要特征才能说是丰富的。

第一个方面:直接的反馈。员工应该立刻获得有关自己的工作反馈。有些工作会自动提供反馈信息（比如负责抓捕超速驾车的巡警），但还有许多工作需要上司给予反馈。

第二个方面：拥有自己的客户。从事一项丰富工作的员工应该拥有自己的客户，无论是组织外部还是内部的客户。就这方面而言，客户服务代表和经理的工作都是丰富的。

第三个方面：能够学习新知识。一项丰富的工作能够让员工在心理上觉得自己正在成长，可以不断学习新知识。

第四个方面：灵活的时间安排。一项丰富的工作允许员工自由安排自己的部分工作。

第五个方面：具有独特特征。一项丰富的工作具有某些独特的特征。比如，物业管理助理有机会向高层管理人员报告建筑物损坏的情况。

第六个方面：能够控制资源。从事丰富工作的团队对于部分资金拥有支配权，并且对成本控制直接负责，或者员工可以根据需要自行做出采购决定。

第七个方面：直接沟通的权力。一项丰富的工作允许员工与其工作相关的人员直接沟通，比如质量控制技术人员可以直接受理客户有关质量的投诉。

第八个方面：个人责任。员工直接对自己的工作负有责任，这样奖惩的对象就很明确。

如果一项工作具有上述特征越多，那么这项工作就丰富。高层管理人员往往具有丰富的工作，但有时他们的工作却过于丰富，他们有太多的责任以及太多不同的任务要完成。生产工人的工作往往不那么丰富，然而，今天有很多生产工人被要求为技术改进提出自己的建议。此外，另一个趋势是将员工组成团队，而在团队中每位员工具有更多的责任。我们会在后面的章节中讨论这些工作团队，它们也可以被看做是工作丰富化的一种形式。

打造一个好的工作

对于如何算是很好地完成工作这一问题，传统的看法是按照工作说明书，把每一条要求都做好就行。而现代的观点是，工作说明书仅仅只是一个指导纲要，能干的员工不应该受到工作说明书的约束，而是应该根据工作的需要做许多职位说明书上没有写明的事情。这样工作就得到了丰富，员工也得到了内部激励。

根据艾米·瑞斯奈斯基和简·达顿的研究，员工通过改变工作的内容以及与他人的联系可以使工作更加有意义。比如，为了使工作多样化，团队的领导向员工提出营养和健康方面的建议。这样，团队领导的职责就不仅仅给员工作方面给予指导，而且还给员工个人身体健康提供指导，进而把自己的的影响力扩展到员工的个人生活层面。这个层面就要就是讲如何打造工作和流畅体验。

打造工作是指对于工作的任务以及工作中的人际关系主动进行身体和心理方面的改变。有三种方式可以对工作进行打造：一是工作任务数量的多少；二是工作中与他人的人际互动；三是个人对于工作的看法。大多数打造工作的目标是把工作变得更有意义，更丰富多彩。

比如，一个厨师在烹饪一道菜的过程中多花点心思，这不是职位说明书上的要求，这么做只是希望工作变得更加富有创新。下面就列出了三种工作打造方法的具体内容，以及这些方法对于工作意义的影响。你可以据此想想自己有没有对工作进行过打造。

第一种工作打造形式：改变工作任务的数量、范围和类型。例如技术人员增加与他人交流时间的长度，提高交流质量，从而完成新产品的设计。这样做对于工作意义影响主体现在产品设计能够更快地对市场变化做出反应，设计技术人员把自己看作是设计项目的推动者。

第二种工作打造形式：改变工作中与他人交流的频率和质量。例如医院的清洁工主动照顾病人及其家属，把自己融入其它医护人员对于病人的护理工作中。这样做对于工作意义影响主体现在清洁工把自己看成是可以帮助病人的人，并且把自己看做是医院整个医护流程的一部分。

第三种工作打造形式：改变对于工作的看法。例如护士主动负责收集所有能够帮助他们更好照顾病人的信息，并且主动处理相关的琐事。这样做对于工作意义影响主体现在护士更加从病人角度看待护理工作，并且提出对护理的更高技术要求。

工作丰富化的终极境界是工作内容如此丰富以至于从事工作的人完全被工作所吸引。流畅体验是指案例为工作所吸引时感受到的体验。这种体验类似于运动员进入忘我境界时的体验。这种境界之所以能使人达到巅峰状态主要是因为所有的注意力高度集中于手中的工作。

只有满足一定的工作或活动才能引发流畅体验，这些工作和活动往往具有一些共同的特征。它们往往极富挑战性，具有清晰的目标，

策略五
通过工作本身来进行激励

能够吸引人们所有的注意力，能够及时提供反馈，而且可以让人忘我。无论工作是否能够提供高额的经济或社会报酬，只要能够引发流畅体验，从事这一工作的人就会忘我地全情投入。流畅体验也是快乐的主要来源之一。

在音乐活动以及运动中往往能够引发流畅体验。幸运的是，为了提高激励水平，从事其它工作的人也会体验到流畅体验。一个财务分析人员，在收集整合各种信息制作公司近期财务状况图的时候会感受到流畅体验。人们在这些活动中所得到的信息能够正确地把事态发展状况反映出来。就像网球运动员用球拍中部击到网球的时候，他会感觉到这是一次愉快的击打，而一位卡车司机在按照正常曲线转弯的时候，他会感觉到轮子和地面贴合恰到好处，这种感觉也说明一切顺利。

不管控制和反馈有多么重要，当你感受到流畅体验的时候你的精力只能集中于思考事态正在如何进展，就好像你是一个旁观者，所有的活动在恰当的时机自动发生。你的身体不需要你有意识地控制就能运作自如。当你完全沉浸到书中的情节里去时，根本不会注意到自己翻书，你的手指会自动为你完成这一活动。

激励员工12策略

从内心深处激励员工

有人曾说过：发自内心地爱你的员工，他们会百倍地爱你的企业。事实证明，已有越来越多的现代企业走上了既注重物质激励又重视精神激励的发展道路。因为人们发现，金钱不是最根本的，比起情感的荒芜，物质的匮乏几乎算不上什么。

在此，应该好好的学习一下美国心理学家A·H·马斯洛的需求层次理论，这个理论是在1943年出版的《人类动机的理论》一书中提出的。在该书中，马斯洛把人的需要划分为五个层次：

(1)生理的需求。这是人类生存的基本，人类的这些需要得不到满足就无法生存，也就谈不上还可以有其它需要。

(2)安全的需要。马斯洛曾经指出，当生理的需要满足后，安全的需要就会马上显现出来，它就会成为行为的唯一组织者，能调动有机体的一切能量去工作。一般来说，安全需要可以分为两种类型：一类是现在的安全需要；另一类是未来的安全需要，就是希望自己在现在或未来的生活上均得到安全保障。

(3)社交的需要。马斯洛在需求层次理论中曾指出，人是一种社会动物，人们的生活和工作都不是独立进行的。因此，人们常希望在一种被接受或熟悉的环境下工作，任何人都不希望自己被社会遗忘、抛弃，都渴望自己归属于某一个群体，成为群体的一员并得到相互关心和照顾。

(4)尊重的需要。尊重的需要包括：自我尊重，指当一个人希望自己在顺境或逆境中，能独立自由，充满信心，有所成就；受人尊重，指当一个人有地位、有威望、有荣誉时，希望受到别人的尊重、信赖以及高度评价。

(5)自我实现的需要。自我实现的需要通常表现在胜任感和成就感两个方面。在满足了这种需要后，才能最充分地发挥个人的创造性和积极性。

马斯洛的需要层次论在西方乃至世界各国仍广为流传，成为工作激励设计的基础理论之一。

基本的生理需求需要满足，但心灵也需要浇灌，情感需要寄托，灵魂更需要归宿，否则，金缕玉衣满汉全席也填不满人空虚的心灵，再繁华的都市也不过是一片废墟。一个能够提供这种寄托、归宿的团队会轻而易举地赢得其成员的忠诚，从而为企业努力工作。

用情感激励你的员工

情感是增强企业凝聚力的重要因素。在企业管理中,情感交流给人们提供了共同的表达方式和心理体验,它使每个员工都成为企业责任感和荣誉感的承担者;它能提高员工的情感调适能力,消除情感障碍,减少人际摩擦,形成和谐、奋进、具有凝聚力的人际环境。

情感激励是从员工的感情需要出发,通过情感上的关心、尊重、信任等手段来满足员工这种精神上的需求,从而激发员工的工作热情,达到激励的效果。从实质上来说,强调更多地利用情感的方式激励员工是对传统的单一物质激励所存在的弊端的一种弥补,使得管理者的激励手段更完善,使激励的效果更明显。

用"情"激励员工的作用就是它能弥补物质激励所造成的不利影响,能让激励的作用得到更充分的发挥。在很多情况下,人们都有一种维持现状或想再增加收入的情绪和欲望,一旦奖励消失,就会使人有受挫折的心理,而不易使人产生内在的力量。物质激励只是单纯的作为一种商业交易,很难在员工的内心深处形成持久的动力;而且,只是单纯地强调物质激励,也会削弱员工对工作的意义和兴趣的追求。更为严重的是,单纯的物质激励还会损害人的基本道德,从而很难想像企业在面对困境时员工是否还会对工作有一种责任感。

而在揭露物质激励的缺点时,情感本身的巨大力量就显示出来

策略五
通过工作本身来进行激励

了。一般说来，人的情感决定了人的价值取向和心理强度。

阿瑟·列维是美国斯凯特朗电视公司的总裁，他体恤部下、爱惜人才，善于用情感激励部下是出了名的。

为了研制闭路电视，列维聘用了一位颇有才干的青年技师比尔。比尔上班以后，整天呆在实验室里，一干就是一周。

在工作最紧张的时候，比尔一连几天都不离开实验台，连饭都是别人给他送去的。

实验告一段落后，疲惫致极的比尔好像老了十来岁，他倒头就睡，过了一天一夜才醒过来。

看到因休息不足而眼窝深陷、神情疲乏的比尔，总裁列维非常感动，同时也很内疚。他拉着比尔的手，真诚地说："我希望你改变一下工作方式，否则，我决定停止闭路电视的研制工作。"

"为什么？"比尔一时有些迷惑不解。

列维心疼地说："因为像你这样不分昼夜、不顾性命地工作，不等新产品问世，你就垮了。我宁愿不做这种生意，也不能赔上你这条命。"顿时，比尔身上传来一阵电流，被总裁的真诚关心深深的感动了。他说："不会的，我已经习惯了，凡搞我们这种研究工作的人都这样，已经习惯了。"

列维听了这话，眼泪都快流下来了。他有些伤感地说："是的，搞研究的人少有长寿者。但我希望你能节制一点。虽然我们相处的时间不长，可我知道你已经竭尽全力了。对我来说，这就足够了，就算研究不成功，我也不会责怪你，你也用不着为此而自责。"

此时比尔更加感动了，他萌发出一种愿为列维"赴汤蹈火"的豪情和勇气，这以后，他一如既往，夜以继日地工作。

激励员工12策略

不到半年,闭路电视终于研制成功。这项新技术的问世,为斯凯特朗电视公司的进一步发展奠定了坚实的基础。

用"情"锁住员工,不仅要关心他们的身体,关心他们的生活,更重要的是要做他们的知己。

天津海河塑料厂的厂长张世伦,在他刚上任时,工厂里没有食堂,连厕所也是男女轮流使用。工人没有奖金,医药费没钱报销。厂长办公室连个椅子都没有。就是在这种情况下,他就职时并没有讲个人的任何困难,也没有给工厂描绘任何前景,而是讲职工的苦,并向全体职工深深地鞠了一躬。从他上任那天起,他本着一条原则:多做有助于增进和职工之间感情的事情。

就是依靠与职工的这份感情,他很快把生产搞了上去。他的工作就是依靠感情这个酵母产生了叠加效应,通过感情的力量去鼓舞、激励员工。

古语道:"受人滴水之恩,当以涌泉相报"。对于绝大多数人来说,投桃报李是人之常情,而管理者对下级、群众的感情之举,群众的回报就更强烈、更深沉、更长久。

由此可以看出,情感激励不只可以调节人的认知方向,调动人的行为,而且当人们的情感有了更多共鸣时,即人们有了共同的心理体验和表达方式时,集体凝聚力、向心力即成为不可抗拒的精神力量,维护集体的责任感甚至是使命感也就成了每个员工自觉坚持的立场。

策略五
通过工作本身来进行激励

让员工有归属感

高效、优秀的企业必须是能给员工归属感的企业。有了归属感，员工就会不知不觉地把情感系于企业，从而乐于效劳，无悔无怨。

管理学诞生以来，在不同的历史时期，管理学家对管理提出了各种各样的定义，因而建立在此基础上的管理理论有许多种，信奉不同的理论便决定了不同的激励手段。但从人性角度而言，激励手段有两种：提供归宿感的激励和不提供归宿感的激励。因此，要从根本上获得员工认可，就应当大声对他们说：我爱的就是你，我就是你的归宿。

无论被激励者是什么样的人，他们都需要一种归属，如果你能提供这一点，你就是一名管理高手了。在这里，我们有必要事先介绍两种理论。

第一种理论认为人是受雇人。

这种雇佣人和对其管理的方式，被后来管理学家总结为"X理论"。

X理论的假设是：

行人观：主张性恶说，认为人都是坏人；

倾向：一般人都讨厌工作，只要可能，他就会逃避工作；

由于人不喜欢工作，要达成管理目标的方式就是对绝大多数人加

激励员工12策略

以强迫、控制、指挥，以惩罚相威胁。

对采取X理论的管理者来说，他们时时刻刻在监督着下属及员工，对他们的一举一动也显得十分敏感，如果员工没有达到管理者的要求，那么他们受到的惩罚会更加严重。

但人毕竟不是资本，也不是土地，而是有思想有活力，能认识并改造客观世界的人。20世纪30年代的"霍桑实验"纠正了管理者对员工们"不过是一个经济动物"的偏见，证实了工资、作业条件，生产效率之间没有直接的关系。认为公司的员工不仅是一个经济人，而且是一个社会存在物，是一个"社会人"，并由此推出了一系列针对社会人的管理方法。

"霍桑实验"的成功使管理者意识到：人们长期生存在社会中，只有顾全到群体利益时，个人利益才会得以保障，因此，社会需求与经济上的报酬两者之间更多的人会偏重于前者。

用归属感来打动员工。既然员工是人而不是机器，那么关心他们要远比苛责他们、或对他们漠不关心，更能打动他们的心。作为一个企业家，如果观念跟不上时代，在所有方面都可能落伍。

经营者们决定着自己公司的命运，很多经营者虽然在员工面前不停地说"世界变了，世界变了"，但自己却依然保持着原来的自己，没有任何改变。虽然说着"大家都要改变自我"，自己却不能改变观念，那还指望员工们怎样呢？

不少人抱怨自己雇员的流失率高，对公司的发展影响太大。究其原因，就在于员工对公司缺乏归属感，终日想跳槽他去。影响雇员归属感的原因有：

★上司情绪化，动辄以降职或解雇威胁下属；

策略五
通过工作本身来进行激励

★人际关系不佳；

★上司偏袒某些下属，令其它人感到不公平；

★付出了许多努力，也得不到上司的认同或赞赏；

★前景不明朗，公司经济经常陷于困难；

★诸多限制，下属不能畅所欲言及尽展所长。

以上做法，不仅会影响业绩，还会影响员工的积极性，员工们将失去干劲，无精打，即便是还有一些干劲的员工也会寻求更好的环境，离开公司。

据说船要沉的时候，老鼠就会向外逃。而说到人才，情形正好相反：老鼠开始向外逃的船会沉——人才向外流失，公司就会破产。能干的员工感到在这种公司工作没有前途，就会转到其它公司去，而公司剩下的只能是没有战斗力的员工，那么，公司破产就是必然的了。

无论是什么样的人，都需要一种归属感，如果管理者们能认识到这一点，就是一名管理高手了。如何使企业的管理团队成员有一种真正的归宿感呢？

首先，要想给员工提供归宿感，必须在一定程度上允许员工张扬个性。人是有思想有感情的，每个人都有自己的个性，特别是那些才华横溢的人，他们往往个性更强一些。如果在工作中情感得不到释放，个性受到压抑，长此以往工作积极性会荡然无存。

其次，给员工精神物质上以定心丸。华人企业家胡应湘认为，一个企业培养一个人很难，丢掉一个人却很容易。因此，他极力提倡"为企业终生服务"的思想，经常鼓励职工"要像一家人一样，为企业奋斗终生"。如有对工作不尽职的员工，他俨然是一位家长，责之甚严，但慈爱之心表露无疑，如果有员工要求辞职，他会反省自己，

激励员工12策略

诚心挽留。

为了保证高级职员的稳定性,许多华人企业家,比如蔡万霖,拿出公司的股份分给那些对公司的发展作出过突出贡献的中高级管理人员,使他们成为公司的股东。

再次,在公司困难时不丢弃一个员工。成功的企业家一般都不赞成用解雇员工的办法来度过企业危机,也不会轻易解雇一个为公司服务多年的雇员。日本的松下电器就是一个典型的例子。

当经济不景气或公司经营出现了困难,大量裁员是许多企业常用的做法,但这种被称为"减量经营"的方法并不是每个企业克服困境的唯一办法。松下先生就十分反对采用这种方法。

1926年,世界第一次经济大危机中日本许多工厂破产,经济空前混乱,松下公司销售额大幅度削减,管理人员向松下幸之助提出要求裁掉1/2的工人。但松下坚决反对,他提出,工人一个不裁,生产实行半日制,工资全天支付。松下说:"生产额立刻减半,但员工一个也不许解雇。工厂工作时间减为半天,但员工的薪金全额给付,不减薪。不过,员工们得全力销售库存。用这个方法,先渡过难关,静候时局转变。照这种方法行事,我们也可因而获得资金,免于倒闭。至于半天工资的损失,是个小问题。如何使员工们有'以工厂为家'的观念,才是最重要的。所以任何员工都必须照旧雇用,不得解雇一个。"

松下领导人的这个想法和作风,对松下电器全体员工而言,是一种难能可贵的体验,也是令他们对公司产生信心的最好时机。松下全体员工们十分感激,认为老板虽在工作上严厉,关键时刻,他善良、富有人情味的一面却完全地显现出来了。"众人拾柴火焰高",集体

策略五
通过工作本身来进行激励

的力量是无穷的,在全体员工的共同努力下松下电器公司摆脱了困境。这些事情现在听起来,人们会认为极平常的。可当时在面临倒闭的危机时,沉着地做出这样的决策并非轻而易举。

在资本主义社会,企业追求利润是理所当然的。但是,正如我们所说的,如果片面追求利润而忽视了人的主体地位,就显得太无情了。那样的企业既不能凝聚人心也吸引不了优秀人才。在这样的情况下,你就要让你的员工认识到:我的信念与选择被尊重着;我的健康与生活被关心着;我的成长与进步被关注着。

重视听取员工的意见

刘星是一位特立独行的工程师，平时对于员工们的窃窃私语和企业决策的事情向来很少去关心，他宁愿呆在办公室里完成自己的任务。刘星对事情的看法多数时候是十分直接的，观点也很少和周围的人相同，这一点让刘星周围的许多同事感到很不舒服。比如，刘星的很多想法都是经过深思熟虑的，也很合乎逻辑，然而有时他在指出别人错误的时候，往往太直接，会让人面子上过不去。刘星往往是赢了争辩，却输了友谊。但是作为公司的管理者们还是很愿意接纳刘星，继续重用他，因为他一直是一位工作很有成效的员工。

在一个会议上，刘星提出一个激进的方法来处理为客户服务的问题。他的建议与管理阶层所认定的原则相差较大。

许多参加议会的同事都觉得刘星太死板了。刘星十分认真，他愈往下说，在场的人就愈觉得如坐针毡，这是因为刘星的提案直指管理层的弱点。更令他们烦躁的是愈是与刘星争辩，就愈让人们觉得自己处于不利的地位。

很少有人能够痛快地承认自己的缺点，对于别人指出自己的缺点，他们常常会变得易怒且充满敌意。同样，和刘星一起开会的同事非但不愿意直接面对自己的缺点，反而想对刘星群起而攻之，把他塑造成所谓的"麻烦制造者"。

策略五
通过工作本身来进行激励

作为管理者如何对待像刘星这样的属下，体现了管理者能否与员工进行良好地沟通。

俗话说，忠言逆耳。不少管理者都很容易犯一意孤行的错误，除了自己的意见外，根本无法听进别人任何有益的进言。并且当别人对企业或者工作有一些意见的时候，他们也常常命令别人保持沉默。在企业当中，当面发出质疑的人往往会被贴上"不忠"的标签，甚至被视为是制造麻烦的人。能够评价不同意见的最佳方式，就是鼓励员工勇于发表不同意见甚至是反对意见。

作为企业管理者必须拥有成熟、包容的胸怀，才能接受不同的意见，同时广纳不同的观点。桑顿曾经为福特汽车提出"神童"计划以开发人才，后来他又创建了桑顿企业，并使之发展成为一家大型企业。桑顿坚持诚实率真的思考，也鼓励员工持有不同的意见。

桑顿不赞同"集体的思考"，他鼓励每个员工都要提出自己的意见。桑顿说，他以前遇到一位老板，做了一个错误的决策。桑顿决定告诉老板，老板却这样回复他，他评断属下是否忠心的标准就是看员工是否明知错误仍去执行自己的决定。而桑顿评价员工是否忠诚的标准是员工能否会指出管理者的错误。

美国前IBM公司总裁沃森也非常重视别人的意见和建议。沃森从不会犹豫提升一个自己并不喜欢的人。沃森认为对于管理者体贴入微的助理或自己喜欢带着一起去钓鱼的人对自己可能是个大陷阱。沃森认为管理者应该去找那种尖锐、挑剔、严厉、几乎令人讨厌的人，因为只有他们才看得见，也会告诉管理者事情的真相。如果管理者身边都是这样的人，如果管理者有足够的耐心倾听他们的忠告，那么管理者的能力是无可限量的。

激励员工12策略

　　事实证明，许多非常成功的企业家都不会让自我意识阻挡有用的建议，因为多认真听取员工的意见会获得意想不到的成功。

　　当管理者位高权重时，自然会想继续保有自己的权势，但这样做会引起冲突。争取完全的掌控将用尽管理者所有的力气，而这些精力其实可以花费在更需要的地方。

　　事实上，公司的问题是在于高层主管过度专权。例如一位老总十分专权，然而他并没有察觉到自己的缺点，一直在发号施令。

　　没过多久，那些再也受不了他的专权跋扈、渴望自由的几十名员工，一起来到他的办公室，下了最后通牒：如果再不放松统治，他们就要集体辞职。

　　这对于任何人来说都是一个突然的打击，很难让人承受，但是那位老总最终还是耐心倾听了员工们的意见。

　　后来这位老总对别人说，当时改变企业管理方式所带来的益处，远超过了他个人自尊的受伤。

　　因为接下来的几个月，公司的员工聚在一起认真的讨论了怎样才能够实施有效的管理模式：在维持过去管理架构不变的情况下，不让等级和权威扼杀创意和原动力。

　　结果这位老总发现，并不是每个决定都像他想象的那样必须经过他的同意才能够做好。

　　由员工集体负责企业大部分的运营工作效果比他一人的专断更为有效。

　　由此看来，作为管理阶层应该敞开胸襟，认真地倾听像刘星那样的忠诚员工的提议。

　　一方面应该积极培养出一种和谐的沟通气氛，不但应该虚心的接受，还要广纳多样化的观点。另一方面又要坚持把关，切勿随波逐流，真心诚意达成企业内部的决议。只有如此才能让员工积极地参与企业管理，充分调动员工的激情更好地为企业服务。

策略六

 自我激励的技巧

> 求知是一种本能，人类对知识的追求是破译成功之门的金钥匙，是带领我们从无知到有知、从少知到多知的拐杖。因此，员工内心对新知识、新技能的渴望将是他们自我激励的动力。

策略六 自我激励的技巧

学习是自我激励的有效手段

许多管理者仅仅把在课堂上学到的有关激励的理论运用在激励员工上。在团队中，对那些领导不在身边却更加卖力工作的员工，应当给予更多的奖励和尊敬。而那些只有在别人注意时才有好的表现的员工，是永远不能达到成功顶峰的。对于员工来说，最为严格的表现标准应该是自己设定的，而绝对不是由别人要求的。

有些被认为一夜成名的人，实际上在功成名就之前，早已经默默无闻地努力了很长时间。成功是一种努力的累积，不论哪种行业，想攀上顶峰，通常都需要漫长时间的努力和精心的规划。

对于员工，如果想登上成功之梯的高阶，应该永远保持着率先的精神，纵使面对缺乏挑战或毫无乐趣的工作，也能最后获得回报。养成这种自动自发习惯的员工就有可能成为行业中的高手。

那些成就大业之人和凡事得过且过的人之间的最根本的区别在于，成功者懂得为自己的行为负责。

工作上的主动是随时准备把握机会，展现超乎他人要求的工作表现，以及拥有"为了完成任务，必要时不惜打破常规"的智慧和判断力。一个优秀的管理者应该努力培养员工的主动性，培养员工的自尊心。自尊心的高低往往影响工作时的表现。那些工作自尊心低的员工，工作中墨守成规，怕犯错误，凡事只求忠于公司规则，老板没让做的事，决不会插手；而工作自尊心高的员工，则勇于负责，善于独立思考，必要时会发挥创意去完成工作。

自动自发工作的员工能够做到：①对待自己有自信，自己是自己最大的敌人，自信会把理想变为现实；②对待工作勤奋，在工作时虚度光阴，会伤害雇主，但对自己伤害更深，短暂的悠闲，会让你失去升迁和奖励的机会；③对待公司要敬业，员工对工作敬业，无论从短期还是长期来看，最终都会使员工自己和公司受益；④对待老板忠诚，让自己有主人翁精神，把公司当做自己的家，进而自觉地努力工作。

那些真正做到勤奋、敬业、忠诚、自信的员工是难以被代替的。

诚然，任何工作习惯的培养都是琐碎而且是枯燥乏味的，任何好习惯的养成更是需要经历艰苦的"与自己斗争、与传统叫劲、与自己革命"的艰难历程。作为管理者，不但要倡导员工"自动自发"地工作，更应倡导员工做好为自己的行为负责的准备。

所以说，如果你能够把上述观点用于你自己身上，可以帮助你了解在什么情况下愿意工作，而且能够持续努力地工作。

设定目标对于激励非常重要，你可以为自己设定年度目标、月度目标、本周目标、当天目标，甚至是早晨目标和下午目标。比如，"在中午以前我要处理完所有的电子邮件，并且为如何提高本商店的安全水平提出建议。"制定更为长期的目标，或者是人生目标，也可以帮助你获得动力，推动自己达到更高的成就。但是，长期的目标必须辅以一系列相匹配的、具体的短期目标才能发挥作用。

换言之，就是每一件事和每一项工作都会有其特定的最好结果，这个最好结果就是我们做一件事和一项工作所期望达到的最终目标。在开始做事之前，只要明确地记住了最终目标，你做的每一件事都会

策略六
自我激励的技巧

为这个最终目标作出有意义的贡献。

如果没有目标，就不可能有切实的行动，更不可能获得实际的结果。高效能人士最明显的特征就是，他们往往在做事之前，就清楚地知道自己要达到一个什么样的目的，清楚为了达到这样的目的，哪些事是必须的，哪些事往往看起来是必不可少的，但其实是无足轻重的。他们总是在一开始时就紧盯最终目标，因而总是能事半功倍。

一开始时心中就紧盯最终目标，意味着从一开始时你就知道自己的目的地在哪里，从一开始时你就知道自己现在在哪里。朝着自己的目标前进，至少可以肯定，你迈出的每一步都是正确的。那种看似忙忙碌碌、最后却发现自己是背道而驰的情况是非常令人沮丧的。这是许多效率低下、不懂得卓越工作方法的人最容易出现的错误，他们往往半途而废，把大量的时间和精力浪费在了无用的事情上。

每天都有无数的事情等待着我们去处理，而且有许多事情看起来还显得非常紧急，比如响个不停的电话，下一个小时的某个会议，给某个客户的回信等等。麦肯锡的经验告诉人们，每个人在一天所做的事情中，至少有80%是并不重要的。换句话说，可能每天80%的时间和精力是在正确地做事，却不是在做正确的事。

一开始时心中就怀有最终目标能帮助我们很快地确定事情的重要性，它是让我们永远走在做正确的事的大道上的重要保障。这个"最终目标"会时刻提醒我们，这件事虽然紧急，却并不重要，那件事虽然看起来还可以拖延，但它却有助于我们向目标更快地迈进。

有一个被广泛传播的事例。我们走进一片丛林，开始清除矮灌木。当我们费尽千辛万苦，好不容易清除完这一片灌木林，直起腰来，准备享受一下完成了一项艰苦工作后的乐趣时，却猛然发现，不是这块丛林，旁边还有一片丛林，那才是需要我们去清除的丛林！有多少人在工作中，就如同这些砍伐矮灌木的工人，常常只是埋头砍伐矮灌木，甚至没有意识到要砍的并非是那片黄灌木。

　　一开始时心中就怀有最终目标会让我们逐渐形成一种良好的工作方法，养成一种理性的判断规则和工作习惯。如果我们一开始时心中就怀有最终目标，就会呈现出与众不同的眼界。事实上，这种不是着眼于某一个具体事情上的思维习惯和工作方法让我受益匪浅。

发现能够提供内部激励的工作

　　作为一个员工来讲，只要你在工作中结合对自己的情况认真思考，你应该可以识别出你认为可以为你提供内部激励的工作。下一步就是你要找到能够充分激励你的工作。比如，你可以从自己过去的经历中找到足够的证据说明与他人密切交往可以对你有所激励，那么你就可以为自己找一个较小、友善的团队去工作。

　　但有时候由于受到条件的限制，你对于工作没有太多的选择权，那么就设法尝试对工作的具体内容尽可能做些改变，以得到你希望得到的回报。如果你觉得解决问题会让你兴奋不已，而你85%的工作都是例行的，那么你就可以试着养成良好的习惯尽快把例行的工作做完，剩下更多的时间去做工作中富有创新的部分。

　　团队的管理者们都知道，提高员工的士气，营造一个良好的团队

策略六
自我激励的技巧

氛围对于团队来讲多么重要。因为，实在难以想像如果一个团队的员工士气低落，该团队将如何取得成功。

在有些团队中，很多员工的素质都非常好，但却没有把他们的长处充分发挥出来，很难为团队创造更大的价值。原因是什么呢？因为他们身上缺乏6E元素。就是精力(Energy)、兴奋(Excitement)、热情(Enthusiasm)、努力(Effort)、活力(Effervescence)，甚至是开支(Expenditure)。团队管理者应该能够把员工身上的这些E元素激发出来，让员工为团队创造更多更大的价值。

怎样才能让员工身上的6E元素发挥出来从而为团队创造更大的价值呢？

首先，团队应有能鼓舞和激励员工的远景目标。团队的远景目标要能够召唤并驱使人向前，它能激发员工内心有价值的东西，并能鼓舞追随者。

第二，使员工了解自己工作的价值。没有什么比意识到自己所做的工作毫无价值更让人士气低落的了。所以一定要让员工了解自己工作的价值所在。团队管理者应首先让员工充分了解自己岗位的价值，使员工意识到自己是在做有意义的工作。

第三，给员工以一定的自由度，让员工进行自主管理。员工在一种被动执行上级指令的状态下工作很难发挥出创造性来，员工也会很快觉得工作刻板与乏味，从而丧失工作热情与积极性。因此领导给员工适当的授权，而不是事必躬亲或事无巨细都安排好，能够让员工感觉到自己是工作的主人，而不是被动的机器，这样才能够充分发挥员工的主观能动性，使员工对工作充满热情。

第四，要鼓励创新。员工的工作模式和工作内容总是一成不变，他们就会感到缺乏新鲜感，从而逐渐形成惰性，即使是很简单的工作，也可能做得力不从心。所以，应鼓励员工在做好本职工作的基础上不断创新，从而对原有工作进行改善。员工在一种持续改进工作动力的驱使下，会更积极努力地工作。当然，这种创新不一定是彻头彻尾的创新，可以在原有工作的基础上，对部分工作的方法、内容等进行创新。

第五，建立一种相互信任、融洽沟通的氛围。团队是一个整体，团队的各个部门、各个岗位都是团队链条上不可缺少的一环，因此要想实现团队的总体目标，必须要协调各个部门、各个岗位的力量共同完成任务，沟通就显得尤为重要。而要进行顺利的沟通，信任是一个前提和基础。员工只有在信任的基础上才能进行充分地沟通。所以团队的管理者应该在团队内建立一种相互信任、融洽沟通的氛围。管理者应当信任员工，员工也应信任管理者。员工之间也应相互信任，在相互信任的基础上进行融洽地沟通。

最后，团队应重视人性化管理。员工不是工作的机器，他首先是人，有人的各种需求。领导应了解员工的需求，员工的生活，员工的兴趣、爱好。团队应能尊重员工的需求，如定期举办一些活动等，让员工不仅有工作上的紧张，也有身心上的放松。

当然，激发员工的士气，开发员工的潜能，除了以上所说的几个方面，还有其它一些方法。总之，管理者应有这种意识，就是要不断地去提高员工的士气，让员工身上的E元素充分发挥出来，让员工的潜力充分发挥出来，从而更好地为团队创造价值。

策略六
自我激励的技巧

获取有关工作绩效的反馈

一个人如果没办法得到有关自己绩效的反馈,无论是主观的还是客观的,那么他将很难一直保持高昂的斗志。

如果你的公司或者老板并没有意识到反馈的重要性(或者仅仅只是忘记了告诉员工他们做得怎样),那么你不要犹豫,可以经常提出下列问题:

我的工作到目前为止还令人满意吗?

我的工作进度有没有达到预期目标?

我没有听到任何有关我到底是做得好还是不好的评价。我应该担心吗?

在团队当中,那些工作表现好、业绩出色的员工往往容易受到领导的偏袒,而对于那些有失败、过失记录的员工来说,他们在领导心中多少会留下一些不良的印象。但事实上,有过失的员工往往比那些暂时表现出色的员工更具有发展潜力,只不过是没有遇到机会展示罢了。管理者的不良心态,对团队人际关系是非常有害的。它会导致员工不满情绪的产生,甚至是员工内部的对立,从而打破了团队内原有的和谐的人际关系。

对于团队管理者来说,员工工作业绩的取得,是一件可喜之事,值得你为之骄傲。但你不能由此滋生出一种个人偏好的情绪。你对某

激励员工12策略

个人的偏袒,虽然在很大程度上给了他信心及继续挑战工作的能力,甚至是更多的工作机会,但是团队是属于每一个成员的,你对某个员工的偏爱,势必会让其它员工心存不满,打击他们的工作积极性。由于待遇的不平等,机会享受的不公正,团队内部关系就会变得紧张,他们就会对工作产生抵触情绪,会对你的判断力大打折扣。如此下去,团队的工作还怎么能顺利有效地开展呢?

一个访问团正在访问一家非常成功的高科技公司。当访问者正和该厂经理闲谈时,突然听到一声长鸣声,便问:"那是什么声音?"经理非常镇静地说道,那是他们工厂的汽笛声。这个访问团的团长问道:"你们厂总是在周四下午放汽笛吗?"工厂经理说:"不是的。我们放汽笛让每个人知道我们又一次试验失败了。但对我们来说,听见汽笛声意味着我们离成功更近了。"

你对那些业绩不太出众或是有过一两次失败的员工的成见和你对那些业绩好的员工的偏袒一样,无论是对工作,还是对团队的人际关系的和谐与发展都是有害的。

古人云:人非圣贤,孰能无过。失败、错误固然是不可挽回的,但却不能"以成败论英雄",给员工下"他只会犯错误"或"他根本无法办好事情"的结论是非常错误的。

一两次的失败确实并不能说明什么问题,当犯了错误的员工在为自己的行为懊恼之时,你对他的斥责只能是使他的信心再受一次打击,甚至有了"破罐子破摔"的思想。也许他本来是个很有才华的人,却被你无意中的评价给扼杀了。

人们常说,一个失败者的出路有两条,一是成为更辉煌的成功者,二是成为出色的批评家。不可否认,失败是教训的拥有者,你若能给他们一个成功的机会，他们就会将这些教训转化为成功的财富。

消除你心中的成见吧！别再对下属的几次失败耿耿于怀，再给他们一次机会。坐下来，与他们恳谈，帮助他们分析犯错误的原因，找到症结，恢复他们的自信心，在你的言谈举止中充分表现出你对他们的信赖。只要他们走出消极的误区，一样能为团队创造佳绩。

作为一名团队管理者，你应该懂得，员工工作的好坏与他是否犯过错误，是否有过失败的经历并没有关系。失败和过失都是暂时的，不代表他一生都这样，你的任务是客观、正确地评价员工在各个阶段的工作业绩，并不断地使其能力得以提高。

把行为激励运用到自己身上

为了运用行为激励来提高自己的工作效率，你首先要确定需要得到激励的行为是什么（比如，在周六的晚上工作两小时）。然后，你要找到适合自己的奖励措施，你可以只运用奖励措施来正向强化，因为奖励比惩罚的激励效果更好。

陶弗格特是一家私人电脑公司的经理，他每天要应付成百份的文件，这还不包括临时得到的诸如海外传真送来的最新商业信息。他经常抱怨说自己要再多一双手、再有一个脑袋就好了。他已明显地感到疲于应付，他曾考虑增添助手来帮助自己。可他终于及时刹住了自己的一时妄想，这样做的结果只会让自己的办公桌上多一份报告而已。

激励员工12策略

公司人人都知道权力掌握在自己手里,他们每一个人都在等着自己下达正式指令。陶弗格特每天走进办公大楼的时候,他就开始被等在电梯口的职员团团围住,等他走进自己的办公室,已是满头大汗。

实际上,陶弗格特自己给自己制造了这么多的麻烦,自己既然是公司的最高负责人,那自己的职责只应限于有关公司全局的工作之上,下属各部门本来就是各司其职,以便给他留下足够的时间去考虑公司的发展、年度财政规划、在董事会上的报告、人员的聘任和调动……举重若轻才是管理者正确的工作方式,举轻若重只会让自己越陷越深,把自己的时间和精力浪费于许多毫无价值的决定上面。这样的领导方式,根本无法带动并且推动团队的发展。

陶弗格特有一天终于忍受不住了,他把所有的人关在电梯外面、自己的办公室外面,把所有无意义的文件抛出窗外。他让他的属下自己拿主意,不要来烦自己。他给自己的秘书做了硬行规定,所有递交上来的报告必须筛选后再送交,不能超过十份。刚开始,秘书和所有的属下都不习惯,他们已养成了奉命行事的习惯,而今却要自己对许多事拿主意,他们真的有点不知所措,但这种情况没有持续多久,公司开始有条不紊地运转起来,属下的决定是那样的及时和准确无误,公司没有出现差错。相反地,往常经常性的加班现在却取消了,只因为工作效率在真正各司其职后大幅度提高了。陶弗格特有了读小说、看报的时间、喝咖啡的时间、进健身房的时间,他感到惬意极了。他现在才真正体会到自己是公司的经理,而不是凡事都包揽的老妈子。

高度的集权管理只会使团队运行缓慢,速度将如蜗虫爬行一般。陶弗格特前期的领导方式,就是受到了传统集权式管理的影响。团队大小权力都集中到自己一个人身上,难怪职员们凡事都要先行而后

策略六
自我激励的技巧

动,主动出击在原则上就是越权,搞不好会弄丢自己的饭碗,谁愿冒这个险?陶弗格特终究是开窍了,他开始下放自己手中的大部分权力给各主管以及每一个员工,让他们有机会发挥自己的优势,有权利决定自己怎样做才能做得更好,不必千篇一律。

提高能够达到目标的相关技能

根据期望理论,只有当你觉得自己有把握完成一件事情的时候,你才会努力去做。而想要提高自己对于成功的主观预期,一个切实可行的方法就是提高自己完成任务所需的技能,这样你就提高了自我效能。对于成功的预期高了,自信心足了,激励作用也就变强了。

俗话既有"君子一言,驷马难追",又有"言必信,行必果"之说法。这讲的虽是做人的道理,但也是团队管理者管理好员工所应遵守的工作准则。

春秋时期,晋文公有一次率领军队攻打原城,他与全军将士约定只打十天,十天打不下来就撤兵。于是每个人只带了十天的口粮就出发了。到了原城,虽然全军将士奋勇作战,但由于原城人顽强抵抗,故而一直过了十天原城还没有被攻破。于是晋文公就下令收兵。

这时,有一个从原城出来的人见到晋文公说:"原城里的粮食快吃完了,士兵也没有力气作战了,他们最多只能再支持三天。"群臣也都向晋文公进谏说:"我们还是再坚持一下吧,再过三天我们就可以得到原城了。"晋文公说："我和将士们约定好只打十天，现在已经十天了，如果我不撤兵，那我就失信了。得到了一个原城却失去了信用，这是很不值得的，我不能这样做。"于是就收兵而去。原城人听说了这件事，都说："哪有君主像他那样守信用，我们为什么不归顺他呢？"于是原城人就归降了晋文公。卫国听说了这件事，也说："能有个君主像他那样守信用，我们为什么不也归顺他呢？"于是卫国人也归顺了晋文公。

好的管理者，常有许多共同的优点，其中很显著的一点便是在任何时候都诚实守信，遵规守约。他们常常遵循这样的原则：要么轻易不与员工相约，要么就要信守诺言，竭尽全力去办。管理者在团队管理工作中必须铭记：说出去的话就像泼出去的水，无法收回。

而有的管理者却偏偏爱许诺，可又不珍惜这一诺千金的价值，由于过分相信自己的实力，所以许多事情不假思索地答应给员工："……我可以帮你这样做。"而后却往往又办不到。如此，很容易在员工的心目中留下一个"不守信用"的烙印。这实在是一名团队管理者所应避免的。

说到就要做到是管理者自身最宝贵的无形资产，应该说这也是管理者在管理员工中的立身之本。李嘉诚在总结自己的成功经验时说："人的一生最重要的是守信，说到就要做到。我现在就算有多十倍的资金，也不足以应付那么多的生意，而且很多是别人找我的，这些都是为人守信，说到就要做到的结果。"

那么，如何才能做到恪守承诺，按时做你说过要做的事情，以下"三步曲"可供参考：

步骤1：在做出任何承诺之前都要深思熟虑。如果不能完全肯定自

策略六
自我激励的技巧

己能够实现,那就不要承诺,承诺要全心全意,要保证它能不折不扣地实现。当你说:"干完这件事,我给你加薪。"你就要确保这个承诺能兑现。

步骤2:按时实现自己的承诺。

步骤3:如果发生了你事先难以做出合理预见的事情,而使你不能实现承诺的话,应该立即开诚布公地与接受你的承诺的员工重新进行商洽。如果大家知道你一般总能恪守承诺,而在无法实现时也会尽可能地和他们来进行协商,员工就会相信,你是一个可以依靠、可以信赖的管理者。

提高你的自我期望

增强激励的另一个方法非常简单,就是提高对自己的期望。对自己的期望值高一般人往往会取得更好的结果。如果你觉得自己能成功,有可能你真的会成功。通过提高自己的心理预期来提高工作绩效这一做法是"加拉提亚效应"。这种期望的自我实现效果已经由实验得到证明。在一次实验中,一位心理学家通过简单的面谈来提高测试对象对于自己的心理期望。他告诉他们,实验中的那些问题对他们来说并不难解决,那些因为受到鼓励提高自我期望的测试对象比没有受到鼓励的测试对象明显表现得更好。

要培养较高的自我期望以及的人生态度需要长期的过程,然而,这对于在各种环境中有效激励自己非常重要。

日本西铁百货公司社长尾芳郎，把自己认为是人才的一个朋友介绍给名古屋商工会议所，因为该所急需一名管理分部的主任。

名古屋商工会议所主席土川元夫和这个人面谈后，立即告诉尾芳郎说："你介绍来的这个朋友不是个人才，我很难留他。"

尾芳郎听完以后很吃惊，接着有点生气地说："你仅仅和他谈了20分钟左右的话，怎么就知道他不能被留任呢？这种判断太草率，也太武断了吧！"

土川元夫解释说："你的这个朋友刚一和我见面，自己就滔滔不绝地说个没完，根本就不让我插嘴。而我说话的时候，他似听非听，满不在乎，这是他的第一个缺点；其次，他非常乐意宣传他的人事背景，说某某达官贵人是他要好的朋友，另一个名人是他的酒友等，向我表白炫耀，似乎要让我知道，他不是一个一般的人；第三，在谈业务发展时，他却根本说不出来什么东西，只是跟我瞎扯。你说，这种人怎么能重用呢？"尾芳郎听完土川的话后，认为土川的分析是很有道理的。

无独有偶，也是在日本，索尼公司的总裁盛田昭夫也是本着实事求是的态度，发现了大贺典雄这个人才。

二战结束以后，盛田昭夫与井深大一起成立了东方通讯实验室，后改名索尼公司(SONY取自美式英语中的"SONNY-BOY"，意思是"可爱的小家伙")。开始时，公司生产的不过是电饭锅、加热垫一类的东西。但此后不久，他们决定向高新技术产品进军，并很快生产出了日本第一台卷盘式磁带录音机。

当索尼公司在东京大学校园内演示磁带录音机时，在人们的一片

策略六
自我激励的技巧

喝彩声中，音乐系一个"吵吵嚷嚷"的二年级学生提出了许多关于磁带录音机的实用性和缺点等各种技术问题，这个学生就是大贺典雄。

事后，大贺典雄竟"无礼"地给盛田昭夫写了一封信，直言不讳地告诉盛田："从一个歌唱家的观点看，你的录音机只是一堆破烂货。"

盛田昭夫并没有因此而嫉恨他，相反却爱上了这个直言不讳、敢于批评索尼公司弊端的年轻人。在1953年，他聘用大贺典雄作为公司的特别顾问。

后来，大贺典雄加入了索尼公司，成为索尼录音机商业部的部长，为公司的发展做出了重大的贡献。

这里，土川元夫和盛田昭夫给我们作出了榜样，在对员工进行考核时，一定要实事求是：行就是行，不行就是不行，绝不能存有任何的私心偏念；否则，只会给企业带来损失。

张平两年前从学校毕业后，来到了先河广告公司的策划部。他属于那种聪明好学、刻苦钻研、能力又非常强的人，因此很快就适应了工作。在做好自己本职工作的同时，他还经常向主管提出一些富有创意的想法。

但是，张平的主管并没有因此而赏识他，相反却十分妒忌他的才能。在工作中，处处压制张平，总是抓住他的一些小毛病不放，真可谓是"吹毛求疵"。

两年过去了，当初和张平一块到公司而且能力不如他的同事，一个个都升了职，加了薪，而他却还是一个普通员工。

无奈之下，张平只好辞职去了另一家广告公司。在那里，他得到了经理的重视，很快就开始独当一面了。

正是由于张平的出色表现,这家广告公司的业务越做越大,和许多企业都建立了合作关系,这其中相当一部分原来是先河广告公司的客户。

后来,先河公司老板知道了这件事,一怒之下,辞退了那个"妒贤忌能"的主管,但是,公司由于失掉张平而遭到的损失却是无法弥补的。

热爱自己的工作

有效激励自我的另一个方法就是热爱工作。如果你坚信大多数的工作是有价值的,而且努力工作让人愉快,那么你就会受到很大的激励。让一个不怎么热爱工作的人热爱工作可不是一件容易的事情,但是如果能促使他认真思考工作的重要性,并且向正确的榜样学习,那么他对于工作的看法变得更积极也不是不可能的。

一提起如何激励下属,一些公司领导(尤其是企业中层领导)就会抱怨说:"我一没有给下属提职晋升的权,二没有给下属加薪发赏的钱,你让我怎么激励下属?光耍嘴皮子怎么行?"这些人抱着传统的激励手段不放,从来没有去尝试那些行之有效的低成本甚至零成本的软性激励方法。

聪明的领导知道,激励有很多种方式,只要运用得当,每一种方式都能有效地激发员工的工作热情和释放员工的潜能。例如,在员工

策略六
自我激励的技巧

有了好的表现时,拍拍员工的肩膀、写张简短的感谢纸条,都能产生很好的激励作用。韩国某大型公司的一个清洁工,在一天晚上公司保险箱被窃时,与小偷进行了殊死搏斗。事后,有人为他请功并问他的动机时,答案却出人意料。他说:当公司的总经理从他身旁经过时,总会不时地赞美他"你扫的地真干净"。就这么一句简简单单的话,使这个员工受到了感动。这也正合了中国的一句老话"士为知己者死"。

也有些愚笨的领导,他们夸夸其谈地给下属戴"高帽子",运用蛊惑的手段,哄骗下属为其卖命。但是在利益面前,却是贪得无厌。他们让下属没日没夜地加班,却把工作成果全部占为己有。事实上,这种情况很普遍。常听到员工在私下里大骂上司:"功劳是他的,荣誉是他的,好房子由他占着,而我们什么也没有得到。"下属认为,不值得信任的领导者窃取了他们的创造价值,因此他们不再努力工作。这就像一个人当发现他的银行存款全都被归到另一个人名下,他们不可能再把钱存进同一个户头里去。因为某个不值得信任的管理者偷取了他们的创意存款。

这种愤怒是可想而知的,下列抱怨是最常听到的:

"如果工作顺利,他们会占去所有的功劳;一旦出了问题,大家就开始互踢皮球。这些管理者会独享工作的成就与荣誉。这对真正做事的下层员工士气打击很大,我们无法相信上层管理者知不知道是谁真正在做事,这真是扼杀工作动力的一大杀手。"

许多人抱怨:"我的主管没有为我争取任何升迁机会或加薪,让我觉得非常沮丧。我这么卖命,至少应该得到一点回报。或者,我根本就应该停止努力工作或干脆离开这家公司。"

当下属提出创意成果时,他们其实是在进行测试,看看这个团队工作环境是否肯定他们的贡献。惟有在肯定下属全力贡献的环境里,他们才会全力发挥创意才华,以达成自我建构的目标,增加个人的价值与保障。

注意,当许多下属询问:如果他尽了全力,结果什么也没得到时,这是不是暗示他下一次何必再努力或更努力地工作?

当然,管理者未必要靠升迁或加薪来满足下属的事业心。下属所追求的个人保障,管理者有必要提供他们定期的工作表现报告。

其实管理者只需要提供令下属满意的回馈,只要回馈特定就足矣。例如,简短一句鼓励或赞美的话。在许多例子中,这些管理者根本不愿意提供下属任何工作表现报告。当管理者不能给予下属适当的回馈时,他们便无从计划未来,他们会问他们的贡献受到肯定了吗?他们应该继续为同一团队贡献心力吗?他们是否需要改善工作态度或能力?如何才能有所改善?

正如一个职员所说:"我不觉得受到管理,我的主管从来不会对我吼叫,也不批评,但他也从来不会赞美。有时候我怀疑他是否在乎我的感觉。我做得很好吗?或者不好?他是永远也不会告诉我。没有人告诉我该怎么做,如果可能的话,我宁愿明天就离职,因为我觉得很不开心。我不确定工作得如何,效率如何,又害怕被开除。我受够了工作上的焦虑恐惧感,有时我觉得自己也许不够格做这份工作,但是如果有人告诉我做得不错,即使只是说'继续努力,你做是不错'就不会一直想着要离职。我经常觉得没有人真正知道我在做什么,我一直处在焦虑之中,总是担心没把工作做好。我知道这么想会影响工作,可是我的主管从违法活动未给我有针对性地指导。"

策略七
影响激励的个人因素

个人的差异对于经济奖励的激励效果会产生非常大的影响。认为金钱非常重要的人比不看重金钱的人更容易被经济奖励所激励。一个重要的影响因素是如果你很需要金钱的话，那么经济激励就很有效。但是当人们已经拥有足够多的钱可以买他们认为重要的东西以后，金钱的激励作用就会减弱。但是不同人对于生活必需品的定义却是千差万别的。比如，有些人认为拥有三辆车和两处住所是必需的，金钱对于这样的人具有持久的激励效果。

激励员工12策略

策略七
影响激励的个人因素

经济激励引发的问题

人们对于经济手段是否能够有效激励员工这个话题已经争论了几十年。争论的一方指出，许多研究显示，人们认为经济福利（包括薪水以及其它的福利，比如医疗保险和退休计划等）不如另外一些与工作有关的因素重要，比如工作的挑战性、进步的机会以及认可等。争论的另一方则指出，人们依然主要是受到金钱的激励，因此金钱依然是非常有效的激励手段。

当然，没有多少人会怀疑经济奖励可以有助于吸引和留住员工。许多人都会主动把简历投给那些可以支付高额薪资或奖金的公司。而为了吸引高素质的员工，向他们保证在签约的时候就支付高额奖金也成为了大多数公司普遍使用的方法。而且，许多公司还会为了挽留优秀员工而支付奖金，特别是在兼并的时候。

想要充分了解经济手段对于激励的作用是具有一定挑战性的，因为经济手段并不仅仅依靠金钱发挥作用，经济激励还涉及其它的激励手段。高薪往往意味着地位高，也往往意味着员工的能力得到了认可。所以，员工为了提高薪酬而努力，也许是希望通过这一方式获得更高的地位，得到更多的认可。这里我们将介绍部分与绩效挂钩的薪酬计划、影响经济激励有效性的个人因素以及经济激励引发的问题。

下面这个例子说明了不同的人对于金钱的渴望往往是不同的：

激励员工12策略

一位管理人员正在寻找能在节假日加班的员工,他会支付很高的报酬。一个23岁的女性员工告诉他不要把她的名字列入加班的名单。这位管理人员忍不住问道:"你怎么能抵御那么高的报酬所带来的诱惑呢?"她答道:"金钱对我并不是非常重要,我过着简单的生活,我会为自己的亲朋好友亲自做礼物。我宁愿在节假日和我爱的人共度美好时光,也不愿意为了多挣几个钱而加班加点。"

另外一个重要的影响因素是,如果金钱可以改变你的生活方式,那么它就会有较大的激励效果。无论这种改变是买一艘昂贵的游艇也好,还是买一辆廉价的二手车也罢,只要钱能够改变你的生活方式,你就会为之努力。一位房屋估价人员在业余时间还打一份零工,帮人安装遮雨棚。当被问及为什么愿意牺牲那么多节假日而换取中等报酬时,他说:"我的额外收入可以让我的家庭住在更大的屋子里,而光靠我的正常收入是办不到的。"

尽管经济激励手段是有效的,但是它们也会引发问题。一个问题是,当员工因为表现好而多次加薪后,他便会认为这是理所当然的。如果在未来,他的良好表现一旦没有得到加薪,那么他就会认为自己受到了惩罚。另外一个问题是,有时候团队成员过多关注自己的经济利益而忽略了团队合作。商学院教授马克·霍尔泽说:"基于个人绩效的薪酬体系弊大于利,这种方式在个人之间引起竞争,它强调个人而非团队,几乎所有的革新都是因为团队共同合作努力而产生的。是的,那些表现优异的个人的确应该得到奖励,但是他们的出色表现也要靠他人的支持,而这一点却恰恰被忽视。"

经济激励会让人过多地关注经济回报而非工作本身所带来的挑战和乐趣。而且在未来不确定的情况下,公司想要通过股份的增长来激励员工也变得越来越困难。

将薪酬与工作绩效挂钩

许多公司为了让薪资更加具有激励效果，努力将员工的部分薪资与其工作绩效相挂钩。这一实践是基于强化理论的。良好的工作绩效可以增加薪水，糟糕的工作绩效也会受到惩罚或者丧失加薪的机会。

为了将薪酬水平与绩效好坏挂钩，许多公司采用变动的薪酬计划。采用变动薪资计划时，绩效好的员工所获得的薪水比绩效差的同工要多。比如，将销售量或者编程的数量作为决定薪资水平的依据。无论具体的计划是什么，基本上变动薪资计划由两部分组成，一部分是固定的薪水，另一部分是根据绩效好坏来决定数量多少的奖金，根据评估指标绩效越好则奖励也越多。最近的相关研究指出，与绩效挂钩的薪资计划能够有效提高生产力以及员工对于薪资福利满意度的条件。这些条件包括：

对工作绩效应该进行客观的测量。当用于决定薪资水平的工作绩效可以进行客观测量的时候，员工对基于绩效的薪资计划具有更高的接受度，此类计划的激励效果也更好。专业工作的绩效一般由员工的上司进行评估。比如，在大都会人寿保险公司，上司采用5级量表来评估员工的绩效。然后公司将员工分为好、中、差三类。最好的那一类员工的奖金要比绩效一般的员工多出65%。如果工作绩效有明确的定

激励员工12策略

量标准,比如投诉处理数量和销售数量等,那么,就可以采用这些定量的客观指标来作为决定薪资的依据,而可以不采用上司的评估。

基于绩效的薪资计划要覆盖整个组织。如果一个基于绩效的薪资计划适用于公司的所有成员,包括管理层,那么员工接受该计划的可能性会增大。即使是在利润微薄的时候,哪怕是只占薪资总额1%的象征性奖励,也应该根据计划标准在整个组织内进行分配。

管理者和员工对于工作绩效的预期要清晰一致。除了对工作绩效进行客观测量以外,员工能清楚地知道什么是优秀的工作绩效也非常重要。当员工心里拥有清晰明确的预期以后,就可以为努力工作找到标杆和方向了,这样他们才能更加安心于工作,而不是费心猜测怎样才能得到奖励。

组织要致力于提供相应的培训和管理支持。许多员工需要进行相关的培训才能更好地完成工作。同时,他们也需要管理上的支持,比如得到能够完成工作的设备、资金等各种必要资源。

许多基于绩效的薪资计划并没有达到预期效果,一个原因是计划没有按照行为矫正的原则实施。两位行为矫正研究人员在一家公司实地进行了实验。研究人员将基于绩效的薪资计划分为两类,即常规的和严格遵循行为矫正原则的,并且对这两类计划的激励效果进行了比较。常规的基于绩效的薪资计划是指那些群体的整体工作绩效与其所能获得的奖金总额相挂钩的计划,群体内部成员的贡献大小并没有与个人所获得奖金的多少直接挂钩。

实验在同一家公司的两个下属机构进行,所有参加实验的员工所做的工作都是类似的。工作内容包括为几百个诸如银行或零售商店这样的商业客户处理和寄送信用卡账单。常规的基于绩效的薪资计划将

策略七
影响激励的个人因素

绩效水平在原有水平上提高了11个百分点。而严格遵循行为矫正原则来实施的基于绩效的薪资计划则将绩效水平在原有水平上提高了31.7个百分点。

另一项将报酬与工作绩效相挂钩的办法，是将奖金与整个工作群体乃至整个公司的业绩挂钩。可以将公司利润的一定比例划为奖金，可以奖励员工股权，也可以奖励员工购买本公司的期权。这些计划都会激励员工努力工作以取得个人利益和公司利益的双赢。这一类方法可以运用于组织的各个层面，包括工作群体、部门、事业或整个公司。有时候，也可以把不同层级的业绩指标综合起来作为决定奖金水平的依据。

员工持股计划鼓励员工以低于市场价的价格购买本公司的股票。因此，员工就拥有公司部分股权，所以他们就会为了公司的利益而努力工作或减少浪费。如果公司业绩良好，那么股票市值就会增加，员工就会因为持股而得益。许多人相信所有员工持股对于创造业绩优良的员工和公司都非常重要。公司股份的上扬会强化员工的正确行为，比如向客户提供良好的服务或者尽力降低成本。但如果股价下跌的话，员工持股计划就会让员工产生不满情绪，因为他们觉得自己的投资没有得到回报。

持股期权是另外一种让员工成为公司股东的方法。然而，这种方法要比直接授予员工股权复杂。期权给予员工在未来的一定时间内以一定的价格购买公司股票的权利。期权的价格往往低于授予期权当天公司股票的市场价格。如果公司股价上扬的话，则员工就能以低于市场价格购买。如果股价跌破了期权授予的购买价格，则期权就一文不值。许多不同行业的员工都因为期权而致富。下面就是一个成功的例子：

当杰西卡·格里森10年前开始在星巴克制作拿铁咖啡和卡布奇诺咖啡的时候，她的目标是在30岁以前赚足可以用来买房的钱。她做到了，在28岁生日的时候她在西雅图置办了自己的房产。为了庆祝千禧年，她和朋友们在2000年的除夕夜飞赴巴黎，观看埃菲尔铁塔焰火表演。

这一切之所以能够成为现实，是因为作为星巴克的员工，她拥有购买公司股票期权的权利，而星巴克的股份连年飞涨，这让她收获颇丰。"重要的不是他们能给我什么，而是我有权选择。"格里森现年33岁，已经成为西雅图咖啡公司的国际学习和发展部门的领导。"我有额外的资源可以投资于对我来说非常重要的东西。"

制定合理的薪酬策略

薪酬对于公司及其人才来说很重要，如果处理不好这个问题，对公司将是一个大损失。所以我们要注重使用薪酬策略。

1. 设计好薪酬制度，增强人才的参与感

向员工表明薪酬的全部价值。在调查中我们发现，多数员工并没有真正理解以金钱和非金钱形式支付的报酬的整体情况。开明的雇主会向员工详细地解释他的所有福利。

例如，如果你向员工提供健康保险，为此负担全部或部分费用，要显示出每年你要付出多少钱,对于病假的情况,列出该计划被全部实施时你应在病假期间付多少费用。

一定要标明你对执行政府规定的计划如社会保障、工人薪酬和失业保险等方面需要付多少钱。各地都有所不同,所以一定要对这些数字作相应调整以消除由于地理位置不同而带来的数字上的差异。

各种发给员工个人的报告应该一年一次,同时发给全体员工。另一种方法是在每个人被雇佣几周年的日子里发给他。可以通过管理者、人力资源部门的人员或高层管理人员发给员工个人,发挥你的想像能力,看怎样用适合你公司具体情况的最有效方式来操作。

2. 将业绩与奖励结合起来

长期以来,薪酬的计划目标之一就是把报酬和业绩联系起来,但总体来讲,它实施得并不很好。"以业绩为基础"的计划未能成功的主要原因之一,就是雇主和员工的期望并不一致,或者说管理不善。为避免业绩报酬制度出现问题——无论是出于激励的目的还是出于和个人业绩挂钩的考虑,都需遵守以下规则:

(1)避免过于复杂的计划;

(2)设计可以最大限度地变成现实的计划;

(3)设计一个可以确定什么是不可接受的业绩、什么是期望达到的业绩、什么是出色的业绩的业绩序列;

(4)为保证员工热心地工作,可以让员工购买公司的股票,或享有所有权;

(5)重点放在真正影响运行、人才和公司的关键问题(通常三至四个目标就足够了);

(6)让员工彻底了解报酬制度,解释清楚怎样计算,以及它怎样影响最终的报酬。

(7)用各种方式来设计业绩报酬以确保不会出现有人对报酬感到吃惊的情况，保证报酬是公平的、有激励作用的。

3. 平衡实物薪酬，取得最佳效果。

确定总体现金薪酬的基本成分以及建立它们之间的关系是任何基于薪酬计划的业绩成功的关键，无论它面向的是管理者、销售人员还是职员或钟点工，两个关键成分——底薪和奖励机会，一定要比例合理以达到业绩和成本效益的最大化。

有些企业的底薪中只包括生活工资，但通过奖励为员工提供更多现金薪酬的机会。这种策略可以在公司经营中起到一定的作用，而经营结构、利润水平、可获得劳动力的数量、材料成本与劳动力的比例或者组织的薪资哲学都会影响到员工的收入。

奖励薪酬的支持重点是现在，对于可预见的未来而言，这种支付的数额会越来越少或者将包括固定劳动成本。对员工它意味着获得有保险收入所增加的机会减少了。而对于雇主而言，这意味着更好地控制成本，但对员工的激励作用却降低了。解决这一矛盾的方法是利用业绩驱动的奖励机会，这样雇员和雇主都会受益。

确立可获得的奖励机会的水平很关键。如果员工接受较低的底薪，则其看到的获得奖励的机会要大一些，它不仅是对底薪的补偿，还使得员工实现目标之后获得更高的薪酬。如果处理不好这种平衡，就会失去激励目标和潜在的有效性。激励的水平应以下列因素为基础：

要让人才更加努力，就要奖励人才的出色工作。为了获得最好的效果，就必须付给人才恰当的报酬，这样才能留住最好的人才。可是

策略七
影响激励的个人因素

很多经理却总把支出的工资维持在最低水平,他们认为工资是成本的一部分,并且只想到如何最大限度地减少成本,以保证利润最大化,至于报酬与效果之间的关系,他们却视而不见。

在工作之中,必须让人才感受到自己的价值得到了他人的承认。不管你使用多么美妙的言辞表示感激,不管你提供多么良好的训练,他们最终期望的是得到自己应得的报酬,让自己的价值得到体现。

鲁思·布力拉姆桑是波士顿SHAW超级市场人力资源部的高级副总裁,她曾奉劝所有的公司注意,现在竞争非常激烈,争夺人才正成为一场不断升级的战争。她的忠告是:"首先在薪酬方面必须与竞争者保持平衡,要更有竞争力。只有做到这一点,才能稳定激励人才的基础。"

森达集团以前只不过是位于江苏一个并不富裕地区的小企业,但为什么不过十几年的时间就创造了一个庞大的"森达帝国",击败了许多原来名声显赫的国有企业,成为中国皮鞋第一品牌呢?就是因为两个字:人才!

森达总裁朱湘桂偶然得知,台湾著名的女鞋设计师蔡科钟先生莅临上海,并有在大陆谋求发展的意向。他得到这个信息后十分高兴,决定效仿当年刘皇叔三顾茅庐的做法,第二天即赶赴上海。经过促膝长谈和多方了解,他确信蔡先生是不可多得的人才,打算聘用。但蔡科钟要求年薪不少于300万元。朱湘桂尽管有足够的思想准备,还是吃了一惊,聘用一个人,年薪300万!值吗?经过深思熟虑,他做出了决定:聘用!

蔡科钟上任后,以其深厚的技术功底、创新的思维和对世界鞋业流行趋势的敏锐感觉,把意大利、港台和中国内地女鞋融为一体,当年就开发出120多个品种的女单鞋、女凉鞋和高档女鞋。这些式样各异的产品一投放市场，立刻成为顾客争相购买的"热货"。

有竞争力的薪酬，会让企业人才自觉地保持工作热情和积极性，并且能够增强人才内心的公平感和满意度，是一种较为合理的薪酬制度。但是，有时即使你付出的工资很高，还是有人不能满意。一旦人才开始为工资而抱怨，或者最好的人才离去，开始另谋高就，就应引起你对问题严重性的重视了。解决问题的办法最好是将个人业绩与报酬挂钩。你应当让人才清楚，真正努力的人才将会得到最好的报酬，但他们不会无缘无故得到报酬。

企业要有最强的竞争力，首先必须拥有最好的人才队伍，并根据其贡献大小给予最合理的报酬。尽可能让人才将个人利益与自己的努力结合起来。同时，也应尽量使报酬支付的形式简单化，将事情弄得越复杂，越容易导致不满和争议。

策略八

不可缺少的股权式激励

> 如果你希望你的员工尽其所能把工作做得最好，如果你希望你的员工成为你最有价值的资产，那么，你应该让他们感觉并实实在在成为企业的所有者。

激励员工12策略

策略八
不可缺少的股权式激励

股权式激励

最成功的经理人会让他的每一个员工都觉得自己是公司的股东。为什么呢？因为人们一旦感觉某个东西属于自己时，就会悉心照料它、保护它，并心甘情愿地将自己的心血倾注其中。

世界一流的企业及其经理为促使他们的工作场所充满企业家思想和所有者氛围，所采取的方式（除通行的利润分享和股票优先权外）之一，就是重新定位其员工。例如星巴克和TD工业公司将他们的员工视为"合伙人"。又如，著名的起博器制造商佳腾公司首创了"员工所有者"这种说法。而莱德公司、马里奥特国际饭店集团、大众超级市场和美国第一资本金融公司也将他们的雇员称为"合伙人"。

《财富》杂志披露过一份调查报告，在美国经济萎靡不振的时候，众多高科技公司股票价格频频下跌，在一家又一家国际巨头因为财务困难接踵倒闭的时候，仅仅1035家公司的高层管理人员，就因抛售公司股票套取现金高达660亿美元，其中的230亿美元由25个公司的466位高级管理人员获得。这一切，都应该归功于当前高科技公司笼络人才的最有效手段之一——股票期权。

金钱激励是一种极具风险的选择，往往弄得公司钱花了不少，员工的工作绩效却没有提高，保持的时间也相对较短，而股权式激励则能克服这一弊端。

激励员工12策略

股票期权对企业家的激励力量是相当强有力的。从理论上讲，激励力量=期望×效价。激励力量是指对一个人激励作用的强度；期望是指人们对能够实际取得某一工作目标或工作结果的可能性的主观估计；效价是指达到某一目标或结果对于满足个人需要的价值。人的期望是无限的，而股票期权恰恰迎合了人的本性，它的回报也是"无限额"的。你想要多大的回报，就要付出多大的努力。期权制度不仅把企业家的个人利益与企业的整体利益联系在一起，而且把企业家与企业的未来发展直接联系在一起。这是一个面向未来、面向发展的制度。所以经理人就必须做到以下三点：

第一点：鼓励员工像企业家一样思考

这一点比利润分享和股票优先权都要重要。作为企业的经营者，你需要将这种思想灌输给自己的员工。灌输这种企业家的思考模式需要员工像企业的所有者那样想问题，而不是站在雇员立场上。这一概念向员工传达了一种企业合伙人的感觉，同时向他们表明了，你不仅关心企业的成功，同时也关心公司每一个成员的福利。当雇员觉得自己是企业的主人时，他们就会在工作中充满无限的自豪感。因为他们被视为公司的合伙人，而不仅仅是雇员。

第二点：向员工解释公司是怎样运作的

帮助员工更好地了解整个公司的运作情况。一旦员工明了自己的位置和自己可以为企业做出多大的贡献之后，他们就会更富于创造性地开展自己的工作。让员工了解企业的历史可以帮助他们建立更强烈的自豪感和认同感。当公司发表年报时，指导员工掌握解读年报的方法。公开CEO所掌握一些信息帮助员工明确公司的目标、任务、前景以及进展。鼓励员工想出一些可以为实现组织的战略目标做出直接贡

策略八
不可缺少的股权式激励

献的点子，然后让他们按自己所想的去做。

第三点：使员工感觉自己就是企业的主人

如果你想让你的员工更加投入工作，就要让他们更多地在工作中找到自我。关键点是：如果员工在工作中发挥出了最佳水平，那么激励他们的办法就是在工作中给他们更大的控制权；让他们觉得自己属于一个集体，最重要的是，就好像他们拥有这个企业。

股票激励模式共有以下几种形式：

（1）企业内部职工持股激励模式

内部职工持股模式，是指企业内部职工通过一定的法律程序，有条件地拥有企业股份的企业制度。职工持股的理论和实践，源于西方资本主义国家。早在20世纪50年代，美国就开始试行"内部职工持股计划"。随后,西德、法国、英国等国家看到了这种制度的优越性，纷纷效法。西方国家实行职工持股制度，主要目的在于缓和劳资矛盾、稳定职工队伍及留住人才、为企业发展筹集资本、防止公司被恶意购并等。我国目前推行的职工持股制度是与我国经济社会转型这个大背景相联系的，中国的改革是在市场经济和社会主义制度都不成熟的背景下进行的，在此背景下进行改革,就要把两者统一起来，通过权利和利益的再分配，完善社会主义制度。职工持股是社会主义基本制度的有效实现形式。企业改革需要职工的参与和支持，让广大职工在企业改革中投资参股，发挥职工的积极性、创造性，这是搞好国有企业改革的重要措施。

目前，职工持股模式，主要存在如下几个问题：

第一，在具体操作过程中，由于缺少切实可行的政策法规依据，从而使得企业和上级管理部门在一些关键问题上的意见存在分歧。例

激励员工12策略

如，由于企业历年积累形成的应用于职工福利的公益金等，许多人同意从中提一部分作为职工股的资金来源，但提取的比例，往往成为争议的焦点；对企业主要经营者的持股比例究竟是一般职工的3倍，还是5倍、10倍合适，往往不是从建立企业良性机制的需要考虑，而是更多地考虑上级领导的意图和职工的心理承受能力。

第二，持股的资金来源。长期以来的产权制度，事实上使劳动者一无所得。因此现实可行的持股资金来源主要有以下三个方面：一是企业历年节余的应用于职工福利的公益金；二是提供资本信贷；三是职工个人现金收入。目前国有企业负债率普遍较高，为实施职工持股计划而贷款存在较大的困难，加之多数企业职工个人现金投入非常有限，使得职工持股的股份占总股本的比例相对偏低。

第三，实施职工持股计划，要求既要认真对待职工头脑中传统的"公平"观念，又要充分激发企业经营者的经营积极性，使职工持股计划的效果得到最大限度的体现。

（2）经理层融资收购持股激励模式

即MBO方式，是内部职工持股的一种特殊模式，它是指高级管理层利用借债所融资本购买自己所服务公司的全部或部分股份，使管理层能以所有者和经营者合一的身份主导重组公司，从而产生一个代理成本更低的新公司。

在民营高科技企业实施MBO时，所有者空缺并不一定是一件好事。MBO只是解决股权问题的一种方案，前提是公司的产权已经十分明晰，公司发展遇到的问题是股东和日益强大的管理层如何协调好他们各自的利益的问题。它的运用不可能替代企业管理，不是公司业绩改变的必要条件。这是我国民营科技企业在实施MBO时必须重视的问题。MBO可能是解决企业激励与控制问题的一种方式，如果经理层实施MBO的目的完全是为了套现的话，这种MBO对高新技术企业就是有害而不是有益的。

高新技术企业对MBO的采用与实施必须与企业发展的历史和现状结合起来，MBO只是一种有效解决委托代理问题的方式之一，但是委托代理管理的解决实际上是所有者与管理层的一个博弈过程，这个过程并不一定能导致企业业绩的提高与治理结构的根本解决，解决科技企业治理结构、提高公司绩效还必须从多方面努力。

（3）期股激励模式

鉴于股票期权计划的实施所需要的两个最基本的条件，即强势有效的资本市场和自由竞争的经理人才市场与相应的考核评价体系在中国当前环境下尚难以得到充分满足，特别是在诸如股票来源问题、定价问题、流通性等方面在现行的制度法规体系下存在太多的制约因素。因此，一种基于股票期权计划设计思想又适合于中国国情的创新制度"期股"在实践中诞生了。较早在国有企业系统中进行"期股"试点的地方，对于期股的概念以及具体操作已形成了一套相对完整的体系。上海较早地在其国有资产控股企业中进行了期股的试点，并总结出了一些成功的经验，成为各地借鉴的模式。根据1998年10月上海市委组织部、国有资产管理办公室和上海财政局联合制定的"关于对本市国有企业经营者实施期股（权）激励的若干意见（试行）"中对期股的定义，期股分为两种类型：在国有资产控股的股份有限公司和有限责任公司中，期股激励是指经营者在一定期限内，有条件地以约定价格取得或获得适当比例的企业股份的一种激励方式；在国有独资企业中，期股激励是指借用期股形式，对经营者获得年薪以外的特别奖励实行延期兑现的激励方式。

股票期权制度有许多优点：

优点一：有利于企业大量地吸引和稳定优秀人才。一方面，股票期权制度可以比较客观地体现人才的人力资本的价值，它创造性地以股票升值所产生的差价作为企业对人力资本的补偿，使优秀人才的利益与企业利益在相当长的时间里保持密切的联系，不仅能避免人才流失，而且能吸引更多的人才流入。另一方面它能够把自己的所得与贡献紧紧地联系在一起，使人才有一种事业上的成就感。此外，股票期权制度还通过设定有关的限制性条款而稳定人才队伍。另外，股票期权制度已经成为许多高科技公司招聘人才的一个"秘密武器"。

优点二：以股票期权做激励减少了企业的现金支出，可以节约大量营运资金，改善财务状况，使激励成本在激励强度相同的情况下降低到最低。股票期权是一种非现金的激励方式，是建立在公司收益实现基础上的未来的市场化收入预期。这种收入由证券市场提供，是"公司证券，市场签单，自己买单"。在实施过程中，公司始终没有大规模的现金流出。期权持有者通过行使权利可以获得相当可观的报酬。行权以后，企业的资金会增加，这有利于降低资产负债率，改善企业的财务状况。

优点三：股票期权制度有利于提高效率，减少非对称信息，降低委托——代理成本。企业的所有者与经营者分离，使现代企业形成一种委托-代理关系。由于委托人与代理人目标的不一致和信息的不对称，代理人会产生两种行为倾向——道德风险和逆向选择。这两种行为倾向和隐性成本很可能是由于激励缺失、激励不足造成的。采用股票期权制，可以使经营者转化为"准所有者"，作为"准所有者"，

策略八
不可缺少的股权式激励

他会努力使自己的目标与委托人的目标一致,避免道德风险和逆向选择。

优点四:股票期权是一种长期激励机制,有利于克服经营者的短期行为。经营者的短期行为是指在有限的任期内和传统薪酬不足以反映其贡献的情况下,追求个人利益最大化而损害企业的长期发展的行为。股票期权制能把经营者个人的利益与企业的效益紧密地联系起来。经营者以固定的价格购买本公司一定的股票,在一定的时间内,比如6年,你不能卖掉它,6年之后才可以出售。在经营人员共同努力下企业利润增长了,股价上升了,股东和经营者都会受益。如果企业前景不好,出现了亏损,股价就会下跌,这里有很多原因,其中有经营者的责任,经营者也不能从股票期权行权的股票差价中获利。所以,经理人员在股票期权制下,在涉及企业并购、重组、长期投资、技术开发等重大战略问题的决策时,不能采取短期化的决策行为,只能着眼于企业的未来,关注企业的长远利益。短期的经济增长对经营者的股票期权不会带来实质性利益。而且在股票期权制度下,经营者在离退休后仍会继续拥有公司的股票期权,会继续关心企业的长远发展,会继续享受公司股价上升带来的收益。不管从哪方面看,经营者只有致力于公司的长期发展,才能享受到股票期权真正的利益。

期权制度不仅把企业家的个人利益与企业整体利益完全捆在了一起,而且把企业家与企业未来发展直接联系在一起。其次,股票期权制是一个符合企业家合理预期的制度,它给予人力资本产权达到相对满意的程度;它能把企业家的全部智慧、才能、警觉调动起来,为企业的发展做出最大的创新。再次,股票期权制有利于企业降低代理成本,是一种高效率的制度。在实施股票期权激励的条件下,可以使企业家转化为"准所有者",他会不遗余力寻找创造利润的空间与机会,努力避免因决策失误而造成的损失,这就大大减少了企业的隐性成本。同时,企业的薪金、红利支付的费用也因期权的采用而相应减少,企业只需给予企业家从股价上涨中分享资本利润的权利,让经营者的期权这种不确定的预期收入在市场中得以实现,即"公司请客,市场买单",这就是企业免于承受直接高额的激励成本。

最后需要指出的是,欧美市场经济发达国家实行股票期权制度有一系列良好的环境,如人力资源体系比较健全,公司治理结构比较健全,资本市场比较健全,法规比较健全并能有效执行等。合理的企业家薪酬激励制度是现代企业制度的重要组成部分。我国企业特别是国有企业经营者激励制度的现状,迫切需要建立包括期权制度在内的长期激励制度。在做好实行股票期权制度的准备工作的前提下,以规范试点的方式引入股票期权制度,分类逐步推进。

稳定高级人才的股票期权

从概念上讲,人才持股是一种企业内部的产权制度,它是指企业内部人才出资认购本公司部分股权,委托专门机构(一般是人才持股会)集中管理运作,并参与持股分红的一种新型企业内部股权形式。股票期权是指企业的所有者在企业经营者的经营业绩达到一定的要求时,允许其在一定时期内购买或奖励其适当数量企业股份的一种长期奖励方式。

从范围上讲，人才持股计划是普惠制的，它所面向的是企业骨干人才；而股票期权所激励的通常只是企业少数高层经营管理者及高级技术人才。

在现代企业中，人力资本已经成为企业内部的重要资源。工业化时代物质资本占主导地位，这就决定了企业生存与发展的主导因素是企业拥有的物质资本。随着知识经济时代的到来，人力资本的地位相对上升，物质资本的地位相对下降。

在理论上对人力资本形成共识后，对企业人力资源的管理就变得日益重要。企业界千方百计设计各种可操作的方案来明确人力资本的价值，于是企业骨干持股计划和股票期权便应运而生了。对于在公司中具有特殊地位的管理者来说，要对他们未来的行为进行激励，从而使他们全心全意地为企业打拼，使公司长期业绩得到提高，其中最重要、使用最广泛的就是给企业中的人才股票期权。

给予人才股票期权，可以对他们起到以下几个方面的激励作用。

1. 提高人力资本所有者的地位，激励他们为企业效力

人才地位提高了，主人翁的意识增强了，他们自然心甘情愿地为企业打拼。在倡导知识经济的今天，在企业经营中，股票期权是对企业人力资本所有者权益的保护，在制度建设方面则体现了人力资本的地位。

2. 股票期权责权分明，激励高级人才为企业效力

股票期权制度使高级人才权责分明，利益风险成正比，极大地激发了他们的积极性，同时也从制度上形成了企业对人才的激励保障机制。

激励员工12策略

3. 收益增多且结构合理,可以激励高级人才为企业打拼

建立股票期权可以使企业人才的灰色收入多、收入构成不合理的现象趋于消失。根据"费用偏好"理论,企业的高级人才在其合理的收入预期与其实际收入有较大差距时,就会通过增大"支出账户"来满足自己的需要,这就是在现实经济生活中人们常见的公费吃喝玩乐、公费旅游、公费出国、公费购买豪华汽车等现象。

4. 风险大,收入也高,可以激发高级人才的负责精神

企业能否经营得好,在很大程度上取决于高层管理人员的能力、事业心和努力程度,同时,他们还要承担很大的经营风险,如果没有合理的激励机制,没有使他们的付出与所得相差不是太大的制度,就会影响他们的经营积极性和承担风险的意愿,企业自然也难以经营得好。

5. 可以形成对人才的长期激励

如果人才永远只是一个打工仔,他们往往更关心眼前的收益;如果让他们成为股东,他们就会着眼于公司的成长而尽忠职守,愿意与企业同甘共苦。

股票期权是专门针对企业高级人才的激励方式。这就意味着股票期权不能平均给予所有人,只能授予那些出色的、对公司做出重大贡献的人才。

IBM公司的股票期权制度十分富有特色,可以供众多企业参考。就IBM这样国际知名的大公司来说,能够得到股票期权的也只有10%的人才。给予股票期权并不是按照职位的顺序,而是只给予有出色才能的人。在得到期权的人才中,他们的大部分上级管理者并没有期权。

IBM有两种股票期权的授予方法:一是给高层管理人员,另一种

策略八
不可缺少的股权式激励

是给非高层管理人员。高层管理人员是指IBM全球3000名管理人员，占整个人才总数的1%。IBM在亚太地区有员工5万人，但属于"人才"的高层管理人员只有300人。在这300名高层管理人员中，每年有25%的人得不到期权，即使是得到期权的人，也要根据其对公司的重要程度而有所区别。为了留住这些人，IBM公司对那些不太富裕的人员给予更高的期权。25%的人不能得到期权的原因，或许是因为他们已经接近职业生涯末期，不能再为IBM做贡献了，或者因为他们已经积累了很多的个人财富。

企业内的人才是企业发展的领头羊，企业管理者通过股票期权来激励他们为企业的长远发展打拼，这样才能使企业的战略发展得到保障。

以下是实施股票期权激励的程序：

(1)股票期权的授予前提。

一般说来，企业管理层的股票期权是无偿授予的。企业希望管理班子通过有效的管理提高股价，从而获得收益，这也是股东的利益所在。也有的企业要求管理者在取得期权时支付一定的期权费，此举主要是为了增加期权计划的控制力，投入期权费可以提高管理者偷懒的机会成本，从而增强对经理的控制力度。

(2)股票期权的授予和行权股票期权授予方案应规定获受人范围，一般仅限于企业决策层成员和科技开发人员。具体人员由董事会确定，董事会有权在有效期内任意时间，以恰当的方式向其确定的人才授予期权，期权的授予数量和行使权由董事会决定。

一般情况下，股票期权不可以在授予后立即执行，获受人只有在股票期权的授予期结束后，才能获取行权权。行权权一般是按照授予时间表分批进行的，行权权的授予时间表因企业、授予时间、获授人身份的不同而各有差异。公司的董事会有权缩短管理者持有的股票期权的授予时间，在某些特殊情况下，甚至可以在当日将所有的不可行权的股票期权变为可行权的股票期权。

(3)股票期权的授予时机和数量。

管理者一般在受聘、升职和每年一次的业绩评定的情况下获赠股票期权，一般受聘时与升职时获赠股票期权数量较多，股票期权的授予额度通常没有下限，但是有些企业规定有上限。期权为获受人所私有，除非通过遗嘱转让给继承人，获受人不得以任何形式出售、交换、记账、抵押、偿还债务或以利息支付给第三方。

(4)股票期权行权价的确定。

不同企业对公平市场价格的限定不同，有的规定是授予日最高市场价格与最低市场价格的平均价，有的规定是授予日前一个交易日的收盘价。当某管理者拥有该企业10%以上的股票权时，如果股东大会同意他参加股票期权计划，则他的行权价必须高于或等于授予日公平市场价格的110%。

(5)股票期权评价标准的设定。

股票期权制度实施过程中，一个很重要的问题就是如何设定期权激励的评价标准。应根据何种标准来授予股票期权，才能达到最大的激励目的，这就需要在企业内部建立一整套人才业绩评估体系。评估标准设定是否恰当，是关系到股票期权制度实施效果好坏的要素之一。

策略八
不可缺少的股权式激励

不可忽视的福利待遇

福利是企业人力资源管理中一个容易被忽视的组成部分，但是对现代企业而言，福利却又在整个人力成本中占据着相当大的一块份额。社会保障体系日益发展与提高的结果，使得福利成为薪酬理念中一个不可或缺的机体而固化下来，并成为企业最大限度留住和争夺人才的一大利器。

加拿大一家顾问公司调查发现，如果公司愿意花不到一顿"麦当劳快乐餐"的钱替人才谋身心健康福利的话，每1元钱的投资可以达到6元钱的回收。如此"低投入、高产出"，福利的作用自然不可小觑！当高薪不再成为吸引人才、留住人才的"撒手锏"时，企业开始在人才福利上下工夫，花样百出。

2000年，由华人王嘉廉创办的CA公司已连续第六次被IT业著名的杂志Computerworld评为"IT行业最佳就职公司"之一。该奖项由Computerworld每年在管理者的信息技术企业中调查评选出来。CA是榜上有名的唯一一家电子商务解决方案公司。该奖项的获得表明了CA提供了积极进取的工作环境，提倡团队精神的同时认可个人贡献。

一个企业要被评为"最佳就职公司"，它必须具有敏锐的商业触角，并提供强有力的激励——具竞争力的薪水和技能培训机会。Computerworld在评选中首先是对《财富》前1000家公司内的IT部门及

激励员工12策略

主要的IT咨询企业的工作状况、计划及统计等进行综合调查，在1000多位CEO、IT副总裁、总监及经理的意见基础上得出结果。

在2000年Computerworld的评选中，CA超过了包括Avnet公司、惠普、英特尔、NCR及Unisys公司等其它一些著名的全球性企业。CA在Computerworld此次评奖的"培训机会"项目中获得最高分，同时在对于IT人才而言最重要的"工作环境"一项也得分颇高，该项目包括福利、进修计划和组织多样性。

除了给予人才很高的薪金待遇(CA给人才的薪金报酬甚至比世界头号电脑公司IBM还高出三分之一)外，在CA总部大楼内，甚至设有第一流的幼儿园、篮球场、健身房等福利设施。王嘉谦认为，尽可能地向人才提供丰厚的薪金与福利待遇，是CA一直在努力做到的，因为只有为人才提供一个轻松愉快、毫无压力的"大家庭"式的温馨环境，才能激励他们热爱公司，并以主人翁的态度对待工作。在美国的大公司中，CA这种以人为本的企业文化，使人感到是中国文化传统的影响，因而有人称CA公司是"颇具东方色彩的西方公司"。

CA公司善于在一些细节上关怀人才。例如，多年来，一直为员工提供免费早餐。王嘉谦和他的员工每天早晨是一壶咖啡、一盒甜甜圈，日复一日，年复一年，公司不断地扩大，从几个人发展到8000余人，可是CA公司向员工提供免费早餐的做法从未中断，并在世界各地的办事处通行。每年仅此一项开支就超过100多万美元。

王嘉廉很节俭，这是针对CA公司的办公条件而言的。每一个到CA公司参观的人都对该公司的节俭而留下深刻印象。CA公司不作不必要的装饰和花费，总部的白色粉墙极为朴素，未曾购买任何昂贵的艺术品或名画来装饰，只靠着顶灯上罩着的彩色花纸的反射，才使原

策略八
不可缺少的股权式激励

本单调的色彩有所改变；在CA公司里，大部分家具、办公桌椅都是旧的，有许多是在购买其它公司时一起买过来的。

但是王嘉谦很舍得为人才福利进行投资。一些员工在上班时心里放心不下家中年幼的孩子，为了帮助他们解决后顾之忧，CA公司在王嘉谦的提议下，在CA总部建立起了一个现代化的托儿中心。该中心的水准远超乎人们的想像，其设计之新颖、外观之美观、室内之舒适自不待言。最令人称奇和赞叹的是该中心的安全设施。进入托儿中心必须通过两道牢实的铁门，进出须由该中心的工作人员陪同，利用电子卡先开启第一道铁门，待第一道铁门关上之后，才能打开第二道铁门。托儿中心室内环境更是美观舒适，有色彩鲜艳的地毯，每一间教室里都有大冰箱、微波炉，也都有门可以直接通向室外的游乐场。那里有脚踏车走道、滑梯、绿茵茵的小草坪、形象逼真的山水、野餐区等。该中心还有电脑学习中心、厨房、洗衣间。其教学手段也是超一流的，中心采用蒙特梭里教学法，注重孩子全面素质的培养，让他们"在愉快中学习，在愉快中成长"。CA托儿中心有100多名孩童，从新生儿至6岁不等。学前儿童与幼儿园班的孩童从3岁到6岁，每5名孩子即有一位指导老师。出生21个月至3岁的孩子，每4位即有一名老师照顾。此外还有一名注册护士随时为孩子们的身体健康负责。而CA托儿中心的收费标准却十分低廉，CA每年要拿出一大笔经费作为补贴。每逢午餐，职员可以与孩子一起用餐，其乐融融。员工之间有一种说法，就是为了孩子，也要留在CA。

CA拥有多个庞大的员工餐厅，因公司补贴大量经费，故伙食价格非常低廉。为了员工的健康，CA公司不惜花费钱财建立了健身中心。健身中心内购置有一流的现代化的健身器材，有篮球场、回力球场、有氧舞蹈室等。CA公司的员工都可以免费使用。一位女职员说,正是因为CA有健身中心,她才死心塌地地留在CA。

下面介绍制订企业福利方面常用的一些方案:

1. 5+1法

5险(医疗保险、养老保险、失业保险、工伤保险、生育保险)+1金(住房公积金)。

优点:遵照国家的相关法律规定中最重要的条款设计,可有效避免发生大的劳资纠纷。

缺点:不包括非固定福利,因此不会具有太大的吸引力,同时也还不是很完备,仍有可能(如休假、加班)发生纠纷。

2. 区分法

针对不同的岗位设计出不同的福利,如营销人员着重于增加交通费、通讯费,而研发人员则应让其有机会多做健身运动。

优点:区别对待,设计合理,易于得到员工的认同。

缺点:可能会加大开支,而且运作上也较为繁琐。

3. 一口价法

企业根据自身的经济实力和经营特点,以及员工年龄、兴趣上的特点,将为数不多的几种福利以现金形式发放。

优点:这也许是最适合中小企业的方法,简便易行、直观实用,有现实的诱惑力。

缺点:需要跟员工交代清楚,并以协议的方式留档,但仍有可能引起纠纷。

4. 自助餐法

目前国际流行的一种福利方式,指在金额固定的前提下,由人才自己选择福利项目。

  优点：因人而异，更趋合理，效果明显，不增加费用。

  缺点：事情可能会变得很繁琐，管理人员的压力较大。

年终奖作用非凡

  小张是某文化传播公司的职员，在这里打拼了三年，第一年和第二年都拿了红包，钱款都是直接打到各人卡里的，当然是不透明的，不过，差别不大，都在一两万之间。第三年，公司高层已明确通告各部门：由于上一年年底公司账面比较紧张，所以红包的事暂时搁浅，等行情好转时再予以考虑。这无疑是一张空头支票，所有人对红包都不再存幻想了。年终没有红包，的确是一个不小的"损失"。但他并不认为没了红包就表示自己今年没有业绩和成绩。他们这些部门经理都曾接受过公司组织的"从不抱怨"培训，在外企工作了这么多年，他觉得开心才是最重要的。管理者的信任、重用和豁达是最难能可贵的。如果谁给他一个丰厚的红包，让他一年到头毕恭毕敬、提心吊胆过日子，那他情愿放弃。

  徐明在某外企工作，他是上年初加盟这家外资企业的。过去，无论是在国企还是私企，到了年关，管理者总忘不了给大家"意思意思"，拿到装在红纸封里的票子，感觉就是不一样。如今到了外资企业，心中就没了把握，不知人家老外吃不吃"红包"这一套。几次想

激励员工12策略

问问早先加入公司的同事,又碍于脸面开不了口。前几天,刚从外面办事回来,见同事们脸上都洋溢着喜气,就猜想:莫不是……这时,罗斯把他叫到了她的办公室,丢给他一个鼓鼓的信封,说:"快过节了,管理者没忘了你们在一线工作的职员。"

他一阵惊喜,迫不及待地找个没人的地方打开信封,用最快的速度数了数:整整5000元!回想近一年来,他在夹缝中生存、上下不讨好的日子,所有的苦累、所有的委屈,在一刹那全都烟消云散了。他只觉得,这一切,值!

成童是某杂志社编辑,因为没有先例,所以连"红包梦"都没做过。他所在的新闻单位,岁末年初的年终奖是少不了的,一律按行政级别或职称发放,全透明,存在的小差距就是个人实绩。他们这些做文学编辑的,五六千元已重复了好几年,所以,只要不犯严重错误,这年终奖是囊中之物。不过,年终奖再高,大家还是觉得那是应得的,红包却不一样,因为它是意料之外的,所以,不管红纸袋里包多少人民币,他们都会很感动,都会珍惜。如果他是老总,他一定会开这个先例,过年嘛,无非是图个喜气和吉利。

发红包这种年终奖发放形式的魅力,就在于它的"弹性机制",管理者可以按照员工的工作态度和成绩分别给予不同金额的奖励,这也是拉开员工收入档次的一项重要措施,特别是在销售业这样特别看重个人业绩的行业,红包更是成为员工年收入的重要砝码。此外,有些私企的月薪常常不与业绩挂钩,而是在发放年终奖时一并回馈给职工,如此一来,红包的分量更是惊人,多的可达十多万元。但有关人力资源专家指出:以红包的方式发放不得以管理者的随意性和个人喜好为出发点,而应该按照可以具体考量的指标,如按照业绩或个人工

策略八
不可缺少的股权式激励

作努力情况等来衡量，否则会引发公司人才内部不稳定。

从某种意义上说，年终奖并不只是单纯的物质奖励，在一定程度上也是对员工一年辛勤工作的肯定，具有精神激励的作用，如果贸然减少员工的年终奖，会让人有一种被否定的感觉，不但起不到激励的作用，反而会有负面影响，间接打击员工的工作积极性。当然，如果这一年公司的营运状况不理想，那员工的年终奖也要相应缩水了。而按级别与服务年数分配年终奖的方式也很普遍，无论是企业、医疗单位、机关学校都存在这样的情况。这类年终奖往往与人们在本单位工作的时间长短以及所任职位的高低密切相关，前者的差距每年在上百元，而后者的差距更大，金额从几百元至千元都有可能。

据明确的调查数据显示，84.5%的人认为年终奖对于下一年的工作有促进作用，15.5%的人则认为没有。在觉得年终奖有促进作用的人中，37.7%的人认为促进程度一般，32.5%的人觉得比较大，12.3%的人认为不太大，11.5%的人则认为非常大。研究人员认为：年终奖对大部分人来说都是一种激励机制。

到了年终，能够一下子拿到是平时双倍甚至数倍的工资，无论在物质上或精神上都得到了满足，也是对自己辛苦工作一年的肯定，对于来年的工作也更有促进了。当然也有一些企业每年都有年终奖，一些人已经习以为常，并不认为有非常大的激励作用，这就应该使"红包"别有一种意义。

保持行业中具有竞争力的薪酬

丰厚的薪酬和福利,是企业对人才的能力和所做贡献的一种肯定方式。谁对企业的贡献越多,谁得到的回报就越高。回报低,说明他比别人差一点,不如别人重要,因此,在人们看来,薪酬往往在某种程度上体现了自身的价值。作为对人才自身能力的一种物化的肯定,它既是一种有效的激励手段,也是留住优秀人才的重要手段。

如果企业制定的薪酬和福利水平太低,那么必然在与其它企业的人才争夺战中处于不利地位,优秀的人才将与企业无缘。并且,企业内的人才也会在其它企业高额薪水的诱惑下,产生不满情绪,以至于工作热情下降,甚至会辞职,另寻高枝。

世界上最具有国际性的石油公司——壳牌集团同样意识到这一点。壳牌集团起源于英、荷两家母公司的联合,它是全球最大的10家公司之一,公司业务遍及全世界130多个国家,员工人数约为10万人,1998年的销售总额(税后)为940亿美元,总资产1110亿美元。今天,与壳牌集团有业务往来的国家比其它任何石油集团都多,拥有的国际人才约5700名,也超过其它任何公司。

在石油工业中,要论人才待遇,壳牌的储蓄投资计划最具竞争力,所以公司并不担心人才会被自己的竞争对手挖去。事实上,也很少有人愿意离职。以美国壳牌为例,其做法如下:工作3年后,可以选

策略八
不可缺少的股权式激励

择把薪酬总额的2.5%，储存在公司的储蓄基金内，公司照数补贴同等金额，即存一块钱，公司就贴一块钱进去；服务5年后，储蓄比率提高为5%；服务7年半后，比率提高为10%。假设你在壳牌做了8年，年所得为35000美元，你可以储蓄3500美元，公司补你3500美元并一同存进去。可以想像，年复一年，这笔钱会成为极大的数目。

当然，壳牌集团支付薪酬的方式还要视当地的条件而定。人才的利益由公司与人才委员会、劳动委员会和工会谈判协商解决，其决议要符合当地的法律、风俗、习惯和人才的意愿。如果工会能代表人才的利益，公司便积极支持与其建立关系。并且有一点是双方都认同的，即在承认个人在完成业务指标的贡献的同时，对其给予物质奖励。

出于一种"终生事业"的观念，壳牌各公司内部的政策是更倾向于提高薪金，而不是发奖金、津贴和分红。其中，根据人才的业绩所给予的奖励是：在与其工作阶层相适应的薪酬级别内增加薪金，给予晋升，使他们能够在个人事业的阶梯上逐渐升高。虽然可能会出现与市场和财政压力不协调的情况，但是这种处理方式的自主权主要还是掌握在人才手里，因此也受到人才的欢迎。

壳牌还有很多极富吸引力的福利计划。公司提供对等储蓄基金，同时负担这部分的所得税，所以人才离开公司，领取这笔储蓄时，不必负担公司提供部分信托基金的所得税。计划中最新的特色是：即使你完全不储蓄，公司仍然提供对等基金给你。换句话说，如果你服务了8年，年薪35000美元，即使你不储蓄，公司一样付出3500美元。

公司的对等基金存进储蓄基金后，人才可以选择三种投资方式：购买公司的股票；存入摩根银行管理的权利基金；或是存入固定利率的储蓄账户。用来购买壳牌石油公司股票的基金非常多,所以壳牌储蓄基金所拥有的股票,几乎占到壳牌发行在外股份的10%。

除了上述计划外,壳牌另有退休金计划,而且所有费用由公司负担。简单地说,人才离开公司时,可以带一大笔钱走。

这就是壳牌公司的薪酬支付体系,目的在于尽可能地为全体人才创造一个符合个人意愿和能力的、富于挑战性的、有兴趣的工作环境,并尽最大可能地留住那些优秀的人才,不用说,它确实做到了。

策略九

 目标激励所产生的业绩导向

> 在激励过程中最重要的是灌输目标的整个过程,这需要企业上下开诚布公地全面参与,使员工自觉将个人理想与企业目标联系起来。

激励员工12策略

策略九
目标激励所产生的业绩导向

目标设定的学习导向和业绩导向

目标可以为了学习而设定，也可以是为了向他人表现而设定。学习导向目标的设立旨在掌握更多的新知识或新技术。比如，你设定目标要提高自己制作录像的技能，你对自己说："我的目标是学习如何制作有趣的、高质量的录像。"

业绩导向目标的设定旨在通过寻求他人对自己的认可和避免对自己的负面评价来证明自己的能力或实力。因此，同样是把提高录像制作能力作为目标，设定业绩导向目标的人会努力学会如何制作能够给观众留下深刻印象的录像，其所关注的焦点是怎么让录像看起来好看，同时避免别人的负面评价。

一项对于167名医疗设备销售代表的研究显示，设定学习导向的目标与良好的工作绩效相关。研究者收集了这些销售代表一个季度的销售业绩数据，并且问卷测试了每个销售代表设定目标的导向。研究发现，按照学习导向设定目标的销售代表往往会设定更高的目标。

一个人设定目标导向的不同还会影响他们是否渴望获得反馈。以学习导向设定目标的人往往更加关心他们的真实表现到底如何，目的在于进一步提高工作水平。而以业绩导向设定目标的人则没有那么热情。如果你对于别人的看法而不是工作真实状态看得太重，就会忽略反馈的价值。然而反馈对于提高工作绩效往往具有长期的重要意义，而且还要认识到,经常寻求反馈的人往往会给别人留下好印象。

用目标来激励员工

《孙子兵法·谋攻篇》曰:"上下同欲者胜。"《黄石公三略·上略》说:"与众同好靡不成,与众同恶靡不倾。"这些讲的都是上下一心,势必士气旺盛,众志成城,打仗时个个会奋力向前,军队就会攻无不克,无坚不摧。这种"上下同欲"的原则,同样也适合现代企业励士。

在实行目标激励的时候,要求领导者能够将大家所期待的未来着上鲜艳的色彩,同时也要对实现目标的过程进行规划。在实施激励的过程中,应该避免只是空谈目标而在日常工作中将其弃之一边的情形发生。若要把企业目标真正地建立起来,就要将崇高远大的情感传达到员工那里,并从他们那得到发自内心的回应,使他们真心诚意地投入到工作中去。

为了全面理解设定目标对于工作绩效的作用,我们最好从认知心理学和神经心理学两个角度来了解一下设定目标的运作机理。一种对于目标有效性的认知心理学认为,目标并不直接发生作用,它主要是通过创造理想状态和现实之间的差距来产生对于现状的不满从而起到激励作用。人们会为了消除这种差距、消除这种不满而采取行动,直至达到目标。

策略九
目标激励所产生的业绩导向

让我们举个例子来说明这个过程。杰夫从事电信营销工作，希望能够成为独立工作的销售代表，这样他就能自由拜访客户，并且获得更多的经济回报。当他设定了这个目标以后，对现在的工作与独立销售代表的工作之间的差距产生了不满。而为了消除这种不满，他会更加努力地工作以取得优异成绩。正是由于他的努力，最后上司晋升他为独立销售代表。

我们也可以从神经心理学的角度来解释设定目标的作用。这一理论的基础是我们的许多行为受到唤醒机制的影响。当我们睡着且无梦的时候唤醒水平最低，当我们极度焦虑疯狂的时候唤醒水平最高（你应该不会看到一个极度焦虑的人会昏昏欲睡吧）。

唤醒水平会在这两个极端状态中连贯变化。唤醒水平的高低与交感神经系统的活跃程度有关。而交感神经又会让身体做好行动的相应准备，它还会控制为了完成任务所需要投入能量的多少。

如果律师助理卡拉准备在15个小时内完成卷宗的准备工作，这个目标对于她而言比较困难，但是并非不能做到。因此，她的神经系统为了完成目标就会被激活以注入更多的能量。由于获得了额外的能量，卡拉的工作状态变得更好，这样就更可能完成目标。但如果目标太高，则可能导致神经系统过于兴奋，以致于会产生焦虑等负面情绪，不利于任务的完成。

企业提出明确的目标，并由领导者有效地与员工进行沟通和传达，让每一个员工都明白自己所做的工作，这对于实现企业的目标具有极其重要的作用。以明确的奋斗目标来激发员工的斗志，并让员工把个人目标和企业目标良好地结合起来，从而增强员工的责任感和主动意识，让每一个员工都为同一目标而不断努力奋斗。

激励员工12策略

目标激励能否取得成功,还得看领导者所提出的目标是否恰当,是否符合客观情况和实际需要。只有在充分了解组织的立场,确切地掌握了客观情势的需求并予以具体化时,这样的目标才能真正地达到预期有效的激励效果。

在企业组织中,每个员工都或多或少地有所期望,但这种期望并没有形成一种动力,就如同每个人都希望拥有漂亮的房子但却没有设计蓝图一样。因此,成功的领导者就是要发掘员工的期望,并把这种共同的期望变成具体的目标,而一旦这个具体的目标或理想生动鲜明地体现出来,员工就会从思想上产生一种共鸣,就会毫不犹豫地追随你。形象地说,领导者利用明确而具体的目标激励员工,就是充当一个"建筑师"的角色,"建筑师"把自己的想法具体地表现在蓝图上,让"建筑"的形象生动鲜明地体现出来,以此激发员工为之努力工作。

1. 要有行动的蓝图

没有魅力的领导者,因为惟恐目标不能实现,所以不能展示出令员工心动的远景。下属对这样的领导者,必然不会抱有信心,工作场所自然像片沙漠,大家都没有高昂的斗志,就算是微不足道的理想也无法实现。

当然,即使有伟大的远景,如果没有清楚地规划出实现过程,也无法使大家产生信心。因此,规划远景的同时,还必须规划出实现远景的过程。这是一个必经的过程,指的就是从现在到实现目标所采取的方法、手段及必经之路。

我们可以将目标的实现分成若干阶段,这样既不至于使目标太大,难以激起员工的兴趣,也不至于使目标太小,让员工觉得没有意义。

2. 让员工和企业有一个共同目标

客观冷静地制定战略、员工和公司间的合约关系，其实无法激发员工额外的付出和持久不懈的努力。在成功企业中，通常用塑造一个共同目标，创造共同的价值立场和相同的价值理念来激励员工。

想要为企业下一个目标定义并让员工觉得企业目标对个人富有意义并不容易。实际上，大多数这类的叙述都太模糊，对部门经理用处不大，它们也往往和现实脱节，甚至失去可信度。

美国电报电话公司总裁鲍伯·艾伦发现，该公司过去的想法和做法都像是受保护的公用事业，现在必须改变，而且是在行业动荡不安时进行改变。公司的规划部门为关键性的战略任务提出一个定义，也就是让现有的网络承载更多的功能，开发新产品，从而符合新兴信息事业的需求。艾伦决定不用这样理性和分析性的名词来谈公司的目标。他也不谈论以扩张竞争态势为重点的战略意图，而是选择非常人性化的名词，他说："公司致力于让人类欢聚一堂，让他们很容易互相联系，让他们很容易接触到需要的信息——随时、随地。"这个陈述，表达了公司的目标，但他用的都是非常简单而人性化的语言，使人人都能理解。重要的是，员工能对这样的任务产生共鸣并以此为骄傲。

让员工把企业的目标当作自己的目标，企业目标必须具有相当的包容力，才能使全体人员参与，从而让企业目标体现在日常工作之中。

让企业上下都愿意为企业目标奉献力量，并让这样的努力持之以恒，应该是领导者追求的目标。明确的企业目标是正当可行的，它不是公关惯用的华丽词藻,也不是鼓舞士气的夸大宣传。所以,领导者对定义恰当的目标应作出具体的承诺。

美国康宁公司总裁哈夫顿曾委派公司最能干、最受尊敬的资深经理人负责公司的品质管理。尽管经历一次严重的财务紧张,哈夫顿还是拨出500万美元,创立了一个新的品质管理学院,用以实施康宁公司大规模的教育和组织发展计划。他还承诺将每个员工的训练时间提高到占工作时间的5%。康宁公司的品质管理计划很快就达到了哈夫顿的目标。正如一位高层经理所说:"它不只改善了品质,更为员工找回了自尊和自信。"

在更多的时候,企业领导人只是不断详细地解释目标,得到大家认可,并且希望员工在理解之后进一步接受。如果大家为了实现公司目标要付出额外的努力,他们必须能够认同这些目标。认同、沟通、塑造组织价值比清楚说明战略远景更为困难,因为前者不太依靠分析和逻辑,却更加需要情感和直觉。

大胆表达自己主张的企业,通常会吸引认同企业价值的员工,而对于具体实现这些价值的企业,这些员工也会付出更大的努力。ABB集团副总裁林道说:"经理人员不是对某个领导效忠,甚至也不是对企业效忠,而是对他们相信的一套价值观效忠。"

因此,塑造一个共同的目标,创建共同的价值立场和相同的价值理念,就成为引发员工积极性和工作动力的重要手段。因为员工认同企业,同时企业也认同员工,这样一来,价值观激励便成为非常有效的手段。

制定目标要"适度"

无论定量目标，还是定性目标，都要强调"适度"。目标不能太高，太高了不仅无法实现，而且会让执行者产生挫败感，影响他的积极性；目标也不能过低，太低了则不具有挑战性，使执行者无法产生成就感，也会导致资源的闲置与浪费。

确定适度的目标才能引导出实现目标的合适措施。如果目标出现偏差，就会导致行为、措施的失误。有正确的目标才能使实现目标的措施更为有效，并且在实现目标的过程中不断地调整措施和行为。企业成长要靠全体员工共同努力，如果员工觉得工作目标无法掌握、工作成果不被认同、本身工作能力无法发挥时，工作效率就会大幅度降低。因此，企业的目标必须是"跳起来能摘到的桃子"，既有先进性，能振奋人心，又必须是可行的，给人以真实感。

适度目标是企业及其部门在对有关资源进行认真分析的基础上，制定出的切实可行的目标。

适度目标可分两种：一种是定量目标，比如某企业在某年度的销售额要比上年递增20%；一种是定性目标，比如某企业的一个公关目标是"确保社区关系融洽"。对于不能量化或难以量化的目标，一般都采用定性目标。现在不少企业在制定目标时，只强调了目标的量化与层次，却忽视了员工的参与，结果带来了很多问题。比如某一实行目标成本管理的公司，其成本目标完全靠老总一人制定，一人分解，然后形成文件下发各部门执行。结果有的部门所分配费用额度大，钱花不完，甚至导致该部门盲目开支；有的部门费用额度小，使用起来捉襟见肘，该部门领导极为不满，导致公司目标成本管理效用大大降低。

其实作为目标管理，在强调人的参与意识、调动人的积极性、实施自我控制等方面发挥着重要作用。如果运用得当必将产生很好的效果。20世纪90年代中期全国都在学邯钢，当时邯钢采用的就是目标管理。有几句话喊得很响，叫做"千斤重担万人挑，人人肩上有指标"，特别是在制定目标时，让人感到跳一跳够得着。这种目标就是适度的，只要努力就能达到，自然能激发员工的工作热情。

就企业运作而言，领导者一般都会把目标管理与薪酬制度结合起来。有的企业采用"内敛式"的薪酬制度，你完成了目标，薪酬标准就能兑现，完不成就按比例扣发，甚至不发；有的企业采用的是"外展式"的薪酬制度，目标完成完不成都发一定的生活费，或者叫"基本工资"，目标完成了，发奖金或兑现薪酬，如超额完成了，再按一定办法进行奖励。有的企业在制定目标时可以说是年年提高，但员工的薪酬却不变，这容易使员工出现逆反情绪，会大大挫伤员工的积极性。从这个角度来讲，该企业制定的目标也是不适宜的。所以，目标管理在一定程度上作为对员工实施激励的一种手段，不仅表现在精神上的激励，而且表现在物质上的激励，在一般情况下是不能偏废的。

综上所述，适度目标可以成为对员工激励的一种有效手段。领导者在制定目标时，如果既考虑目标任务本身，又能从对员工实施精神和物质激励上多加考虑，你就成功了一半。

目标的强大期望动力

作为领导，你的期望对员工的积极程度有很重要的影响。员工需要知道你脑子里在想些什么，以及你对他们的期望值。

期望并不单纯地指完成重大工作目标，它和每天的日常工作也有很大关系。负责的领导期望他的员工准时上下班，开会准时到场，按讲好的时间到达，不让别人久等；期望他们的员工回复电话、回复信函，并信守诺言；期望员工彬彬有礼，并证实他们尊重每一个人；期望自己的员工在善于聆听的同时也勇于表述，做到公开和诚实。

这些期望其实都是常理。也就是说，没必要把它们都写下来，变成官僚程序，但每个人的脑子里必须清晰地了解这些期望。如果不澄清，标准就会被侵蚀，就会出现无组织的混乱状况。

期望还包括明确工作目标和目的。每一名员工都想了解领导对他的工作期望。可是，在这方面，仅对工作性质的描述几乎不起作用。最重要的期望要集中在一个人在工作中必须完成什么。一名出色的领导会期望他的员工自己来决定完成这一目标的最佳方式。

作为一名领导，如果你没能明确你的期望或没能与员工达成一致，就会产生不好的反映，员工们会认为你软弱、没主意、立场不坚定、糊涂而且困惑不解。相反，如果明确期望，你就会提高自己的信任度并受到尊敬。这一过程可以非正式地运作，但必须通过自己的行

激励员工12策略

为建立并巩固起来。开始时,你可以假设一个高的标准,当员工们没有达到这个标准时,你的回答应该是有助益的、有建设性的,他们很快就会明白你期望他们怎样做。

我们必须明白明确期望的重要性。没有明确的期望,员工们就会不理解工作中努力的方向,就会没有确定感,就会变得心理脆弱,经受不住挫折。

员工对领导的期望很多,同样领导也期望员工们能为自己做更多的工作。为了适应环境,战胜竞争对手,你必须尽可能从员工那里获得更多的东西。因为你的客户向你索取的只会越来越多,如果你不能满足他们,他们将会寻找其它可以满足他们的人。

你的高期望应涉及员工工作的各个方面。他们的工作时间应至少与所要求的时间相同;在工作时间内应全力以赴,甚至做得更多;你不在时担负起更多的责任与义务,工作更积极主动。

另外,你应该期盼他们言行一致,表里如一;对所有人有庄重、客气的态度;将客户的要求放在第一位,乐于为客户服务并使他们满意,甚至将服务于客户作为乐趣;节约公司财力;当你有错误时向你指正,并且尽全力支持你的工作。

这些都是你所期望的。但你同时必须要明白你的员工希望从你身上得到什么。领导与员工之间都希望从对方那里得到东西。

有时,你的员工无法达到你所期望的程度,或许你也无法达到员工的期望,但是不要紧,在现实的生活中,我们不会永远成功。有成功就会有失败,任何体育冠军也不能保证会赢得每场比赛,再好的球队也有失败的时候。

所以,当你期望的太多而得到的很少时,不要抱怨,应该抓住机

策略九 目标激励所产生的业绩导向

会学习。有时，失败会推动你更上一层楼，使你取得进步。关键是要接受失败的教训，而不能自欺欺人地说你已经成功。

在你和员工之间，最重要的是在期望对方做出所有努力之前，应对自身要求更多，当你促使自己按既定的方向努力时，你将发现员工都跟随着你。

企业文化的落地实施是一项系统工程，需要借助多种手段和力量通过长期的累积而达成。无论是企业文化的内容和VI体系设计，还是企业文化的宣贯与培训、企业文化活动的筹划，以及相关的行为规范与制度安排，都是不可或缺的组成部分。

然而，笔者认为，企业文化落地最为关键的是解决员工的"内生动力"，即变"要我做"为"我要做"，自觉向组织目标靠拢，自觉按照企业文化所倡导的方向迈进，使个体行为与组织行为保持高度一致，而完善的激励机制的建立，能够较好地解决这一问题。

激励机制通过一套理性化的制度安排来反映激励主体与激励客体的相互作用，从物质、精神等多个层面激发员工的潜力，鼓励员工的正向行为。正所谓"种瓜得瓜，种豆得豆"，有什么样的激励机制，就有什么样的企业文化。从这个意义上来说，激励机制是连接企业文化与员工行为的桥梁，是引领员工走向企业文化目标的关键驱动因素。笔者以典型案例为例，阐释如何运用激励机制推动企业文化落地。

文化建设一直是阿里巴巴发展的重中之重。可以说，企业文化使"阿里"能够掀起一场互联网革命。在阿里巴巴的企业文化建设过程中，激励措施特别是软激励的有效运用发挥了重要作用。

"阿里味儿"是阿里巴巴强化企业文化的一个阵地，在这上面，

激励员工12策略

员工可以直言部门主管的待遇不公,可以质疑公司的某项政策规定,甚至是集团高管走马上任也会被反对"围攻"。用阿里一位员工的话来说,可以讨论任何事情而无论层级,发表任何观点而不论对错;即便是高管的观点也经常被员工"减芝麻"。("减芝麻"表示不同意)

这样的例子随时随处可见。在阿里的历史上,一位被高管辞退的员工发帖历数前者的不公正,帖子发布后引发了大量同事"一面倒"的声援,但随后高管及时回应,说明原因和意见,也获得了跟帖支持,最终在两方意见"针锋相对"的情况下,由CEO出面,把HR的负责人、当事员工和主管都叫到一起公开讨论,而且现场情况同步直播给所有员工。

阿里坚持的原则是"即使是毒草,也要让他长在阳光下"。正是在这种潜移默化的培养中,每位员工都能以一个平等、客观的姿态参与到工作的讨论和执行中。也正是这些做法使阿里开放、透明的企业文化被员工真正地接纳和吸收,有效地调动了员工的能动性和创造性。

阿里充分满足了员工的施展空间和创新冲动,"赛马"就是很好的例子,员工只要有好的想法和创意就可以提交到阿里的项目委员会,经过审批之后,员工可以放手去做,集团会为其配备人手、资金,甚至还有期权,阿里很多好的项目都是通过"赛马"成立的。在阿里的历史上,就有刚刚转正的员工提交的项目脱颖而出,之后扩容成五六十人的团队,闯入该领域内全国第一梯队。

"放任"的结果往往带来意想不到的惊喜,有些案例甚至让阿里内部员工也有点难以置信,比如一位刚刚入职的员工"不务正业",耗时8个月痴迷于与自身业务关联不大的技术难题,部门主管也欣然接

策略九
目标激励所产生的业绩导向

受,而这对于双方来说都是一种"冒险":员工毫无突破,高管难辞其咎。但最终,员工的技术方案被纳入全球性的技术标准里。

在职位晋升和调整机制上,阿里也同样奉行"自由"原则。比如阿里员工的晋升并不是由主管决定,而是结合一年的工作情况自己来判断决定,如果认为自己到了晋升的某一个层次和水平就提交晋升申请,由各个部门的资深同事来进行考核,员工做述职报告,评委来投票决定。再比如,员工转岗也无需征得部门主管同意,只要接收方同意,原部门主管就要无条件放行。这是阿里包容精神最直接的体现。

当然,自由不是无原则地放任。为了将自由而活跃的"分子"纳入到整个组织的有机体中,使员工自主性与企业的需求相匹配,阿里设定了一定的限定条件。比如,晋升请求是自己提出的,但是判断的标准是透明公开、具体而微的;转岗是没有主管限制的,但是存在一些硬性条件:首先是在现有部门至少待够一年,其次就是绩效考核达到一定的水平。这样就会避免员工因为逃避而转岗,保证优秀人才的合理流动。

可见,阿里巴巴激励机制的关键点在于充分尊重员工发展的意愿,并为员工提供自由发展的平台,而这种"软激励"是阿里"开放、创新"文化的真实写照,是阿里持续进行变革创新的重要推动因素。

那么,管理者如何通过目标激励人才完成任务呢?

目标是能激发和满足人的需要的外在物。目标管理是管理工作最主要的内容,目标激励的实施是目标管理的重要手段。设置适当的目标,能激发人的动机,调动人的积极性。目标既可以是外在的实际对象,也可以是内在的精神对象。一般来讲,目标的价值越大,社会意义就越大，目标也就越能激动人心，激励作用也就越强。

所以，管理者要善于设置正确、恰当的总目标和若干阶段性目标，用以激发人才的积极性。设置总目标，可使下级的工作感到有方向，但达到总目标是一个长期、复杂甚至曲折的过程，如果仅仅有总目标，只会使人感到目标遥远和渺茫，可望而不可即，从而影响积极性的充分发挥，因此，还要设置若干恰当的阶段性目标，采取"大目标，小步子"的办法，把总目标分解为若干经过努力都可实现的阶段性目标，通过逐个实现这些阶段性目标而达到大目标的实现，这才有利于激发人们的积极性。管理者要善于把近期目标和长远目标结合起来，持续地调动人才的积极性，并把这种积极性维持在较高的水平上。

在目标制定、分解时，目标的难度以中等为宜，目标的难度太大，容易使人失去信心；目标难度过小，又激发不出人才应有的动力。只有"跳一跳，够得着"的目标才是最好的。因为这样的目标满足个人需求的价值最大。

管理者在制定目标的时候，除了注意上述问题之外，还应注意：

目标必须是明确的，要干什么，达到什么程度，都要清清楚楚；目标必须是具体的，要用什么办法去达到，什么时候达到，要明明白白；目标必须是实在的，看得见，摸得着，达到应该有检验的尺度。

关于这方面，美国人约翰·戈达德的经历很有说服力。戈达德很小就立志成为一名探险家。当他15岁的时候，他把这一辈子想干的事列了一张表，名为"一生的志愿"，其中包括到世界各地探险，驾驭大象、野马、驼鸟，当电影演员，驾驶飞机，作曲，写书，结婚生孩子，直到参观月球等，共127个目标。40多年后，他已完成了其中的

策略九
目标激励所产生的业绩导向

105项,获得了一个探险家应获得的一切荣誉,其中包括成为英国皇家地理协会会员和纽约探险家俱乐部的成员。现在,他仍在向未完成的目标奋进,其中包括游览长城(第49项)和参观月球(第127项)。

戈达德是否能全部达到自己的目标还很难讲,但是他的经历、成长就已证明了:一个明确、具体、实在的追求目标,对一个人的成长是十分重要的。如果他15岁时仅仅有当探险家的理想,而没有列出那一张表,没有明确的目标,那么,几十年后的今天,他很可能还是一个碌碌无为的小人物。

可见,管理者不但要为下级树立远大理想,而且要学会把这个理想和实实在在的工作结合起来,让人才一步一个脚印地前进,踏踏实实地实现一个个理想。

目标管理在理论上是无可非议的,而作为一种管理理想和管理方法,它所展现的前景又十分诱人。因此,到20世纪60年代,目标管理在美国简直成为一种时尚,20世纪70年代继续向非营利单位和政府部门推广。

日本有几家企业在1962年左右开始引进并推行目标管理,由于成效显著,几年时间里,日本各企业便竞相研究和推行目标管理,结果竟产生了一个新词汇,即"目标管理景象"。

目标管理之所以急速地被日本企业引进、推行,日本一些著名管理学家认为有下面三个理由:日本式的经营是以年资学历、终身雇佣制度、多层管理等等为基础,所以认为目标管理是使实力主义、能力主义具体化的一个决策;企业是一个系统,为实现企业的目标,必须把每个成员的行动同企业的目标有机地结合起来,这虽是必然的事情,但以前往往做得很不够,通过目标管理,可以改正这个缺点并使整个企业系统化;在不景气期间,无论如何还必须努力提高经营效果,这时,以成果为中心,用"一切从工作出发"的思想贯穿起来的经营管理方式,被认为是必需的。目标管理就很好地体现了这种经营管理方式。目标管理没有让那些为研究和推广目标管理而舍得投入力量的日本企业失望。日本经济团体联合会于1968年末在所属的2500家会员公司中进行了调查,在回答"目标管理"有效的875家中,有36.8%堪称引进"目标管理"后就急速普及的企业。这一比例比美国要大得多,其中一个重要的原因,就是日本企业管理成功的奥秘,也是美国企业需要向日本学习的关键,在于建立一种充满信任、微妙性和亲密感的人际关系;而这正是现代管理学孜孜以求的目标和研究课题,而目标管理则迎合了这种思想。

一般来说,没有人愿意为了微小的目标去费力。因为在他们看来,微小的目标即使达到了,它的价值不见得比所付出的艰苦劳动更大,那他们为什么要做无谓的努力呢?再者,他们任何时候都能达到微小的目标,并且可以随时随地地达到,根本用不着谁来管理他们去做,反过来说,这类价值不大的目标即使完成了,它的意义也是不大的。因为琐屑的目标不够惊险、刺激,完成起来易如反掌,不费吹灰之力,即使完成了也没多大的成就感。

因而,作为管理者,你设立的目标必须是长期的。没有长期的目标,就可能会被短期的种种挫折击倒,理由很简单,没人能像你一样关心你的成就。你可能偶尔觉得有人阻碍你的道路,而且故意阻止你进步,但是实际上阻碍你进步最大的障碍就是你自己。其它人可以使你暂时停止,但是你是唯一能永远使自己停止下去的人。

让人才触摸到你的规划图

要使人才工作积极卖力,你最好让他们对自己的部门、机构或是组织正在做什么、目标如何等情况了然于心。事实上,他们也应该对这些情况很清楚。就是说,你若想成为一位受人爱戴的首领,就要对整个团体的规划图有足够清晰的概括,以便你的部下掌握。

第一,用具体的语言描绘规划图。

你描绘的团队规划图应该是鼓舞人心、有发展潜力、前景远大的。关键是当你给你的团队描述这个规划图时,不能采用泛泛之词,诸如"我们的目标就是成为一个非常优秀的团队"或是"我们一定要战胜对手"。

你应该使用具体的语言,比如说:"我们将会比感恩节刚过的打折特买场还忙碌,我们的团队会像上了润滑油的机器那样运转良好,我们的工作空间会十分开阔,没有障碍,我们可以对需求做出迅速的应急反应,无论对内部需求还是市场需求,我们都能很快地满足股东的要求。"

(1)根据高层要求来规划。

你的规划图设想源自很多方面。其中一部分来自高层向你谈及的想法、要求或是目标。这可能是你的直接管理者——假如你有的话,也可能是你接触的一个重要人物,比如说你的客户、同行,或是某公司的高层人员。你规划的部门规划图不仅要与整个公司的规划图一致，还要有利于公司大规划图的实现。

显然，你的部门规划图主要由你来规划。作为管理者，你应该清楚你的部门将发展成什么样。同时，你还要认真考虑高层的要求，结合部门实际情况，如资源、预算和目标等因素进行规划。

这些应该成为你每天想到的第一件事，并且作为管理者，你所有的工作重心都要集中于如何改进这个规划图，并努力实现它。

(2)根据人才期望来规划。

同时，你的规划图规划还要考虑到人才的意见和想法。假使只是一味地向他们灌输你的规划图，而不给他们机会发表意见或进行讨论，他们很可能不愿接受甚至反对你的规划。但是如果他们感到你的规划图也反映了自己对部门的一些想法，并将亲自实现它的话，他们会积极地把它作为自己的工作目标并加以实现。

在当今的公司里，如果规划图只是被刻在石头上常年摆在那里，不但不会激励人才不断为之奋斗，反而会阻碍部门的发展。正如一个人需要根据环境变化调整自己的目标一样，你对部门或公司的规划也要随机应变。

你的人才更可能会洞察到环境中的一些变化，结合他们的想法，你将会规划出适合整个团队的规划图。如果你的人才协助你规划出了规划图，他们将会有更强的归属感和主动性，并加倍努力地实现它。

第二，充分发挥感官的作用。

在为你的部门或是公司规划规划图时，不要仅注意你看到的，你应该动用所有的感官。

比如，当你展望未来时，你部门的情况听起来如何?它是喧嚣嘈

策略九
目标激励所产生的业绩导向

杂,还是人们像蚂蚁一样安安静静地忙着工作?尽量动用你的生理感觉,包括嗅觉和味觉。

你和你的人才们越全面地看到、听到、尝到、感觉到、闻到你的规划图,你们就越能准确地把握自己的行为,实现规划图。

第三,有人"违规操作"时。

许多管理者都会遇到这样的问题:有的人才并不按规划好的规划图来做。管理者的本能反应就是将其踢出局。这的确是一个选择,但是在这么做之前你应该先考虑一下其它的方法。

如果你在规划规划图之前曾开会征求大家的意见,就表示你非常重视人才的个性和创造性,那么反对人才的个性化和有创造性的表现就有悖于规划图规划的初衷。

许多管理者很容易沉浸在他们对自己部门的规划图之中,认为那些不同意这个规划图的人就是不忠或是愚蠢的,是在捣乱。这实际上是一种狭隘的也是极其有害的观点。

事实上,那些喜欢独立思考并提出不同意见的人可能只是为了这个集体更好地发展,而这样往往会极大地改进规划图的规划。

所以当有人才对规划图表示反对时,应该让他说出自己的看法。这样,你可以很快判断出他是真的想提出改进意见还是在捣乱。

激励员工12策略

设计达到远景的过程

团体中的管理者,必须能确切地把握人才的期待,并且把期待变成一个具体的目标。

大多数的人并不清楚自己的期待是什么。在这种情况之下,能够清楚地把大家的期待具体地表现出来的人,就是对团体最具有影响力的人。

在进攻意大利之前,拿破仑还不忘鼓舞全军的士气:"我将带领大家到世界上最肥美的平原去,那儿有名誉、光荣、富贵在等着大家。"

拿破仑很准确地抓住了士兵们的期待,并将之具体地展现在他们的面前,以美丽的梦想来鼓舞他们。

抓住了人们的期待,管理者就要为团体规划远景。规划远景的同时,有必要让人看到达到远景的过程。

如果是以强权或权威来压制一个人,这个人做起事来就失去了真正的动机。抓住人的期待并予以具体化,为了要实现这个具体化的期待而努力,这就是赋予动机。

具体化期待能够赋予动机的理由,就在于它是能够实现的目标。例如,盖房子的时候,如果没有建筑师的具体规划就无法完成。建筑师把自己的想法具体地表现在蓝图上,再依照蓝图完成建筑。

策略九
目标激励所产生的业绩导向

同样的道理，组织的行动也必须要有行动的蓝图，也就是精密的具体理想或目标。如果这个具体的理想或目标规划是生动鲜明而详细的，部下就会毫无疑虑地追随。如果管理者不能为部下规划出具体的理想或目标，部下就会因迷惑而自乱阵脚，丧失斗志。

善于带领团体的人，能够将大家所期待的未来远景，着上艳丽的色彩。这远景经过他的润饰后，就不再是一件微不足道的小事，而变成了一个远大的理想和目标。

或许你会认为理想愈远大就愈不容易实现，也愈不容易吸引大家付诸行动，其实不然。理想、目标愈微不足道，就愈不能吸引众人的高昂斗志。

一方面，管理者如何带领人才非常重要。没有魅力的管理者，因为惟恐不能实现，所以不能展示出令部下心动的远景。人才跟着这样的管理者，必然不会抱有梦想，工作场所也像一片沙漠，大家都没有高昂的斗志，就算是微不足道的理想也无法实现。

当然，即使是伟大的远景，如果没有清楚地规划出实现过程，亦无法使大家产生信心。因此，规划远景的同时，还必须规划出达成远景的过程。

规划为达成目标必经的过程，指的就是从现在到达成目标所采取的方法、手段及必经之路。

目标的达成是最后的结果，由于要达到最后的结果并不容易，所以要设定为达成最后结果的前置目标(以此为第一次要目标)。要达成第一次要目标也不容易，所以要设定达成第一次要目标的前置目标(第二次要目标)。要达成第二次要目标也不容易……就这样一步一步地设定次要目标，连接到现在。

为达到最后的结果就必须从最下位的目标开始，一步一步地向前位目标迈进，次第完成每个目标。

这一步一步展开前置目标的过程，就称为"目标功能的进展"。

在"目标功能的进展"中，最下位的目标必须设定在最接近目前的状况，且尽可能地详细而现实。也就是说，最下位的目标必须是可以达成的。达成了最下位的目标后，再以更高层的目标为目标。

达成目标的过程或手段，规划得愈仔细愈好。愈上位的目标，其过程或手段就愈概略，只要从下位目标一步一步地向上爬，最后目标一定可以达成。

像这样把由眼前的现状到达成目标的过程中，每一阶段都规划成一幅幅的展望，"目标功能的进展"若能一步步地实现，达成最后目标的效果就愈显著。

人才为追求事业成功而战斗

目标是组织或个人想要得到的预期结果。目标同需要一起调节着人的行为，并使人的行为具有一定的方向性。目标本身是行为的一种诱因，具有诱发、导向和激励行为的功能。因此，设置适当的目标能够激发人的动机，调动人的积极性。管理者要让人才努力打拼，通过目标进行有效激励无疑是一个重要的途径。

目标是一种外在的对象，它既可以是物质的对象，也可以是精神

策略九
目标激励所产生的业绩导向

的或理想的对象。人无论做什么事都有(或应该有)一定的目的。有无目的的行为其结果大相径庭。一般来说，没有目的的行为不会产生什么结果，有目的的行为才会达到最大、最满意的结果。因此，没有目标的行为就没有意义。

1. 人才拥有目标就能看到打拼的结果

在企业中，管理者可以通过设置目标来激发员工的动机，指导员工的行为，使员工的需要与组织的目标结合起来，以激励员工的积极性。目标激励注重个人与组织相结合，这同样也是建立价值和观念的认同过程，正所谓"道不同不相与谋"。想要让人才为你打拼，最重要的是要他们能够心甘情愿，因此，目标的设立及引导无疑将会是非常有效的。

早在1932年，松下幸之助在向企业人才演讲使命感的时候，曾经描绘了一个250年达成使命的期限。其内容是：把250年分成10个时间段，第一个时间段的25年再分成3期，其中第一个10年是致力于建设的时期；第二个10年继续建设并努力活动，称为"活动时期"；剩下的5年一边继续活动，一边以这些建设的设施和活动的成果贡献于社会，称为"贡献时期"。第一时间段以后的25年是一代人继续努力的时期，同样要建设、活动、贡献。如此一代一代传下去，直到第10个时间段，也就是250年以后，世间将不再有贫穷，而是变成一片"繁荣富庶的乐土"。

松下的这个250年规划可以说是绝无仅有的，不仅在企业界未有先例，即使是那些赫赫有名的政治改革家也没有多少人有这样宏伟的规划。有这种规划和梦想的除了空想理论家之外，就是松下幸之助。但松下的规划是梦想，而不是空想。时至今日，可以说他的梦想在一步一步实现着。而更为现实的是，松下的这种规划让企业中的每个人都拥有了灿烂辉煌的梦想，从而提高了他们的工作热情和积极性，提高了工作效率，促进了企业的高速成长。这种目标激励所产生的巨大作用是不可估量的。

2. 如何制定让人才自发打拼的目标

企业设置目标要适时、合理、可行，并且与人才的切身利益紧密相关，这将成为能否有效激励人才为你打拼的关键。因此，如何正确设立目标是利用目标激励人才的关键。为了使目标的设立与管理更为科学、合理，管理者应遵循以下几条原则：

(1)目标设置要具体明确。

设立目标的目的是为了使所有的人行动能够尽量统一，让大家具有共同的方向，从而使行动的效果达到最大化。这就必然要求目标的设置要明确。如果目标不明确，很容易造成对目标的理解产生分歧，从而影响目标执行的效果。

目标的目的性就是指能精确观察和测量的程度。大量的研究结果都证明：具体、明确的目标要比笼统、空泛的要求或者目标导致更高的绩效。例如，在制定每月要达到的销售目标时，用具体的数字往往比含糊其辞的"尽最大努力"、"争取有所提高"等要有效得多。

(2)目标设置要协调一致。

要通过目标设置来激励人才为你打拼，归根到底是要让个人目标与组织的目标一致。组织的目标与个人的目标可能是平衡一致的，但大多数情况下二者会存在偏向，这种偏向会导致冲突发生，从而不利于人才积极性的调动，更不利于组织目标的实现。只有使这种偏向趋于平衡，即组织目标向量与个人目标向量间的夹角最小，才能使个人的行为朝向组织的目标，使之产生较强的心理内聚力，共同为完成组织目标而奋斗打拼。

(3)目标设置要适宜。

目标设置很多时候要表现为一种选择，特别是在难易程度方面。设置目标时，其难度应以中等为宜，这个目标又被称为"零点五"目标。如果目标难度太大，人才容易失去信心；而难度过小又激发不出足够的激情与干劲。这两种情况都无法收到良好的激励效果，只有所谓的"跳一跳，够得着"的目标激励作用才最强。因此，作为目标的制定者，管理者在设置目标的时候，必须注意这个问题。

(4)目标设置要有可接受性。

管理者应该明白，组织或上级所提出的目标只有内化为人才个人的目标才能对个人的行为产生激励作用。相反，如果组织目标无法内化为人才的个人目标，那么目标的顺利执行并达到预期的效果就是不可能的。多数学者认为，让人才参与目标的制订比单纯的指令性目标要好。这是因为，人才参与目标的制订可以使其看到自己的责任和价值，同时可以把目标定得更合理，从而提高目标的可接受性。当人才愿意接受某一目标时，就表明他认同这一目标的可行性、合理性，更重要的是，这与人才自身的目的性相一致。那么，人才尽心尽力为这样的目标打拼自然是顺理成章的事情。

(5)将组织目标与个人目标相沟通。

在现实中，几乎每个人都在心里给自己设定追求的目标。但是，由许多人的目标所组成的目标就是我们所说的"组织目标"了吗?当然不是。因为两者很难同时获得成功或很容易发生冲突，而且不仅仅是个人与个人的目标之间，个人与组织的目标之间也经常会存在分歧。

激励员工12策略

为了提高工作绩效，管理者必须使个人和组织对所有目标有一个清醒的共同认识。

管理者应该及时与个人进行沟通，帮助其制定个人目标，并促使每个人理解个人目标与组织目标之间的关系以及取舍。通常，那些看到组织目标与个人目标有直接关系的人更容易产生强烈的工作欲望和工作热情，并且具有更高的积极性，这样组织目标的实现也就比较容易。同时，把个人目标与组织目标的统一性用准确、精练的语言写出来也是一件很必要的事。因为，这样可以帮助人们看到，努力取得成就与提高工作效率会有助于推动组织目标的完成，也能让人们理解，组织会以怎样的回报或提供其它机会作为对大家努力工作的补偿，特别是让大家感觉到实现组织目标将有利于个人目标的实现，这将会使个人最大限度地对组织目标予以肯定，并乐意为之打拼。

(6)制定有期限的目标。

人们对有明确期限要求的事情会全身心投入，以期在期限内完成，而对没有确切期限的事情则会无限期地拖下去，甚至遗忘。因此，管理者一旦制定一个目标，就应给出一个具体的、明确的期限，否则你马上就会充分体会到，没有期限的目标，很多时候是没有结果的。

管理学者帕金森有一条定律："工作会展延到填满所有的时间。"因此，在用目标激励人才时，必须要对工作目标设定期限，没有期限目标就永远完成不了。

企业的目标应该具有阶梯性，从公司的管理层到执行层都必须有一个清晰的目标，每个层次的目标都是为组织的总目标服务的，这样的目标管理系统才能起到激励整个公司员工的积极性的作用。

总之，在企业中目标就像灯塔，为航船指明前进方向，而灯塔能给航船以前进的精神鼓励。同样，没有目标的企业就如同失去了方向的航船，即使有最好的水手也毫无作用。所以，在鼓励员工为你打拼之前，管理者应该有一个明确的目标，并且为企业的每一个成员都制定一个定性定量的目标，让他们的激情与能力能够有的放矢，这样才能充分地发动每一位员工为企业的整体目标而奋斗。

为人才做个远期规划

联想的人才发展理念是"个人主动规划，上级指导；业务提供事业空间和发展舞台；人力资源建立机制和体系保障"，也就是人才职业发展的实现需要个人自我负责，业务和人力资源提供平台。

联想一直致力于为人才提供多条发展路径，帮助个人实践在联想的职业发展。除了"经理–高级经理/总监–管理者–副总裁–总裁"的管理发展路径外，2000年开始，联想首先从研发人员开始建立专业发展道路，推出了联想自己的技术职称体系。有志于专业方面精深发展的研发人员可以沿着"助理工程师–工程师–主管工程师–资深工程师–副主任工程师–主任工程师–副总工程师"的路径发展，公司通过制度保障高级研发人员的责权利匹配。

2001年至今，在研发、工程、技术支持三个技术专业序列外，联想逐步开始建立渠道销售、大客户销售、产品、采购、财务、管理咨询(IT)等岗位序列的专业发展道路,通过明确各专业序列不同层级岗位的胜任能力要求,为人才确立专业发展路径和方向。比如,对一个渠道销售人员可以沿着销售助理、业务代表、高级业务代表、资深业务代表的路径规划发展自己的职业生涯。

在不同专业序列能力体系的基础上,公司有针对性地开发系列培训课程,或选择适合的外部培训学习方式。人才和直接上级就能力发展需要达成共识,通过选择不同的培训提高各项能力。同时,公司还推行轮岗、关键岗位的竞聘制度,让员工多方面发挥和展现自己的能力。

两条发展道路是实现联想人才职业发展的重要机制:对个人来说,可以根据个人的特长和职业兴趣选择适合的发展路径,实践自身的职业发展;对企业来说,为各类专业人才提供更多的选择机会和发展空间,最大限度地发挥了人才的潜能。

什么是事业发展与规划管理?就是企业通过人力资源发展部门,将人才追求个人事业的活动,纳入到组织发展过程中的人力资源配置和人员培训等一系列活动之中。

对个人来说,事业发展与规划是一个不断寻求工作与生活质量满意的动态平衡过程。对组织来说,帮助人才规划和发展他们的事业是最具长期效应的激励措施。通过事业发展与规划管理,能使人才的需要和利益相容于组织的目标和利益。事业发展与规划管理的过程,也就是组织和个人的目标和利益相匹配的动态发展过程。

事业发展和规划管理是以组织与人才共同成长、共同发展和共存共荣观念为基础的,是企业以人为本管理思想的较好的实现方式。它具有深层次的激励效应,具体表现在:从信息沟通的方式看,以上的

策略九
目标激励所产生的业绩导向

匹配过程是一个单线的双向交流过程,这一过程允许人才自由提问,使人才具有平等感;从满足人才的需要层次看,这一过程能满足人才的情感需要、受尊重的需要,以及有助于满足自我实现需要,即满足其最高层次的需要;从丰富工作内容方面看,这一过程有助于人才选择做他愿意做的工作,双方可以讨论重新设计工作和工作轮换问题,可以讨论调整工作责任问题,这些都可以提高人才的工作生活质量;从人才的事业发展方面看,双方讨论人才的事业发展领域及所需的技能,并为他提供继续教育和通过参与特殊项目来发挥人才的个人能力的机会,这样有助于留住优秀人才。

作为管理者,要善于将人才的绩效与对组织的贡献联系起来,增强人才对组织的归属感和自豪感,并有助于培养人才从组织大局考虑问题;另一方面,管理者还要听取人才对工作绩效的自我评价,这样有助于人才提高对工作本身的绩效。从维持人才的事业和家庭的平衡发展看,双方讨论人才对业余时间的支配和发展家庭关系问题,还能满足人才提高生活质量方面的要求。从人才事业发展的途径看,能使人才的事业发展途径多样化,他既可以沿垂直的组织等级阶梯向上发展,也可以在平行的相关职位上发展,还可以通过进入"专家组",作为"核心分子"来发展。从对组织发展的风险防范角度看,由于双方讨论的问题都是未来导向性的,就使组织变革和人才的工作转换都处于相对平衡的状态,避免突然变化给双方带来损失。

激励员工12策略

策略十

有效激励鼓舞团队士气

> 对组织来说,"激励"是维持其生命所必需的养分,如同水、空气、阳光和食品一样重要。没有"它",组织活不下去;有太多的"它",组织也会受不了。

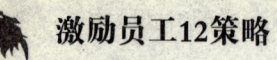

赞美是无价的奖赏

你的太太也许身材臃肿肥胖,可是你告诉她,她的体态丰盈,是一种成熟的美,比苗条女郎更吸引你,也吸引别人,她对你一定会更加体贴。实际上,每个人都渴望得到赏识,无论是身居高位的人,还是地位卑微的人;无论是刚入企业上进心强的小青年,还是升迁无望即将退休的老人。即使是每天都板着脸的人,赞美他时,他的面部肌肉也是放松的。人们普遍能接受赞美他优点的人。

美国年利润6亿美元的玛丽·凯化妆品公司经理玛丽·凯说:"有两件东西比金钱和性更为人们所需要——认可和赞美"。金钱可能是调动员工积极性的有力工具,但赞美可能更有力,因为它唤起了员工的荣誉感、责任感、自尊心,他的价值得到了认可和重视,他会更加努力地工作。赞美的"成本"十分"低廉",它不但是一种最好的,而且是花费最少收益最大的管理技巧。

知道了赞美的巨大力量,你就不必吝惜赞美,不妨自然大方地赞美员工。只要发现工作突出的员工,可以不失时机地给予赞美,不见得非是惊天动地的大事。如秘书小姐起草的报告、文件书写得非常潇洒漂亮,可以赞美她心灵手巧;看见车工师傅磨的车刀非常锋利,可以赞美他技巧超群;看见锅炉工拾煤渣,可以赞美他的勤俭作风;对提批评意见的员工,即使提的不正确,也可以赞美他对公司的责任感。如果你留心，就会发现人们不少优点，都值得赞美。

赞美时要注意，要以公开的方式对一个人进行表扬。一位外国企业家说："如果我看到一位员工杰出的工作，我会很兴奋。我会冲进大厅，让所有其它员工都看这个人的成果，并且告诉他们这件工作的杰出之处。"他的用意不只是告诉大家如何把工作做好，同时也想说明要想获得赞美只有把工作做好，给大家一个好的导向。很多企业专门开表彰会，也是起导向作用。

另外，赞美要注意真诚和客观。要发自内心地赞美，语言、表情要严肃认真，不能给人造成虚假做作的感觉。也不能漫不经心，一边看报、喝茶，一边说几句赞美的话，那样恐怕员工以为是讽刺他或敷衍他。赞美本身虽是好意，但不着边际、不痛不痒的赞美不会产生积极的效果。只有员工应该得到赞美的时候才赞美，员工心中才会感到无限的喜悦。当事人认为自己不值得赞美而被赞美时，是不会产生激励作用的。

有些领导以为赞美员工会使他们自我陶醉、变得懒惰、不求上进，这是多余的担心，还是大胆赞美吧！

策略十
有效激励鼓舞团队士气

真爱无价的激励方式

如何使你团队的成员有一种真正的归宿感呢？

1. 困难时伸给他们一只手

1930年7月，日本政府采取了紧缩政策，财经界一天比一天萎缩，不景气的征兆更加明显。报纸每天都报道各工厂缩小或关闭的消息，员工减薪及解雇，产生了很多劳资纠纷。财经界的不稳定，带来了社会不安，情况愈来愈严重。

松下电器也和其它产品一样，销售额剧减。

为了应付销售额减少一半的危机，生产量也只好随着减少一半。不巧的是，在这个关键时刻，当领导的松下又生病住院了。替松下看管工厂的是井植和武久，他们尽心尽力花了很多心思去思考如何解决这个问题，最后得出的结论是：为了打开目前的窘困状态，只好先裁减一半员工。当松下听到这个结论时，精神突然振奋起来，想到了一个好主意，告诉他们："生产额立刻减半，但员工一个也不许解雇。工厂工作时间减为半天，但员工的薪金全额给付，不减薪。不过，员工们得全力销售库存。用这个方法，先渡过难关，静候时局转变。照这种方法行事，可以获得资金，免于倒闭。至于半天工资的损失，是个小问题。如何使员工们有'以工厂为家'的观念，才是最重要的。所以任何员工都必须照旧雇用，不得解雇一个。"

松下电器"任何事情,只要坚持到底,最后一定会成功"的强有力的企业理念,就是在此时培育出来的。"众人拾柴火焰高",集体的力量是无穷的,全体员工的共同努力是企业摆脱困境、走向成功的最大保障。

2. 不轻易解雇员工

成功的华人企业家一般都不赞成用解雇员工的办法来渡过企业危机,也不会轻易解雇一个为公司服务多年的雇员。胡应湘是一个典型的例子。1974年,地产建筑业大萧条,建筑工人大量失业,建筑师们也无事可做。各家建筑设计事务所纷纷辞退职员。但胡应湘却对工程师们说:"现在是困难时期,请大家原谅我不能加薪了。愿意另谋高就的,我不阻拦;没有更好的地方可去的,全部留下来,大家同舟共济,渡过难关。"建筑师们十分感激,认为领导虽在工作上严厉,但关键时刻,他善良、富有人情味的一面完全地显现出来了。日后,这支忠心耿耿、实力雄厚的设计队伍,成为胡应湘事业发展的一支主力军。胡应湘认为,一个企业培养一个人很难,丢掉一个人却很容易。因此,他极力提倡"为企业终身服务"的思想,经常鼓励员工"要像一家人一样,为企业奋斗终身。"如有对工作不尽职的员工,他俨然是一位家长,责之甚严,但慈爱之心表露无疑,如果有员工要求辞职,他会反省自己,诚心挽留。

为了保证高级职员的稳定性,许多华人企业家,比如蔡万霖,拿出公司的股份分给那些对公司的发展作出过突出贡献的中高级管理人员,使他们成为公司的股东。

3. 培养员工的主人翁精神

如何在公司内部培育这种精神呢?

(1)宽松政策由领导者来制定，详细的程序由员工来决定。
(2)培养人人都是"主管"的感觉。
(3)从小事上让员工感觉到自己是"自豪的主人"。
(4)温暖的大家庭。

激励要及时适度

激励的物质基础和思想基础，是人们的利益取向和生理、心理特点。人们的一切行为都是为了追求某种有利、或避免某种不利，由此在生理和心理上必然产生与之相适应的喜好和厌恶情绪。激励就是为了诱导人们共同的喜好和厌恶趋向，促进事业的发展，推动社会的前进。当然，这种趋向，不同的人各有不同；诱导这种趋向的方式和做法，不同的人也各不相同。但有一点是相同的，就是及时和适度。激励如果不及时、不适度，不仅会失信于民，挫伤积极性，而且还可能造成混乱，产生怨恨，取得完全相反的效果。因此，及时适度也是正确实施激励的一条重要原则。

做到及时适度就应对这一词语有深刻的理解。及时适度应分开理解。如何理解及时呢？

激励及时的核心是一个"快"字。华为是全球领先的信息与通信解决方案供应商。在华为，文化口号非常多，如"胜者举杯相庆，败者拼死相救"，"狭路相逢勇者胜"，"烧不死的鸟就是凤凰"，

激励员工12策略

"以客户为中心,以奋斗者为本"……但艰苦奋斗的核心理念始终未变。华为的核心价值观是扎根于每个华为人内心深处的核心信念,是华为走到今天的内在动力,更是华为面向未来的共同承诺。

华为在物质激励方面采取的是薪酬激励与股权激励相结合的方式,员工的收入构成包括基本工资、奖金、股票分红。华为是目前中国员工收入最高的公司之一,一方面使得优秀人才聚集,另一方面调动了人才的积极性。

华为推行的全员持股制度,是对员工长期激励的有效办法。全员持股制度的推行使企业与员工的关系得到了根本改变,由原来的雇佣关系转变为合作伙伴关系,公司的发展与自身的利益息息相关,员工对公司的归属感进一步增强,员工的工作积极性进一步提高。

多年来,华为秉承"以奋斗者为本,不让雷锋吃亏"的理念,建立了一套基本合理的评价机制,并基于评价给予激励回报。公司视员工为宝贵的财富,尽力为员工提供优越的工作、生活、保险、医疗保健条件,为员工提供业界有竞争力的薪酬,只要员工在某方面取得了进步就能得到一定的奖励,做到"内外公平"。

华为的精神激励主要有荣誉激励和职位激励。华为曾经专门成立过荣誉部,负责对员工进行考核、奖评,对员工的点点滴滴进步给予奖励。另外,员工的晋升制度也颇具吸引力,晋升看能力,不看资历,只要你有能力,就有可能在华为大显身手。李一南就是一个很好的例子。他在进入华为两周后一跃成为高级工程师,半年后升任中央研究部副总经理,两年被提拔为华为公司总工程师、中央研究部总裁,27岁坐上了华为公司的副总裁宝座。精神激励使员工的内部因素得到满足,为员工提供了真正的动力之源,因为华为带给他们的不仅是高薪，而且是更加宽广的发展舞台以及自由发挥的空间。而这些正是刚刚大学毕业怀揣着远大理想的年轻人所需要的，他们需要一个舞台来证明，为了证明自己，他们可以奋不顾身、不屈不挠。

物质和精神上的双重激励，激发了员工的创业热情，为华为建设一支团结、高效、艰苦奋斗的团队提供了保障，也对华为"狼性文化"的形成发挥了关键作用。

企业文化落地的过程，需要借助激励机制，调动员工的自主意识，激发员工的内生动力，使员工自觉走上符合企业文化的轨道。无论是阿里巴巴的软激励措施，还是华为的物质与精神激励，都是立足于发挥员工的主人翁意识和创造精神，并对企业文化的实施起到了关键作用。当然，单一的激励方式作用是有限的，只有综合运用物质激励、非物质激励(如职位激励、荣誉激励、情感激励、榜样激励)等多种激励手段，才能更好地发挥激励机制的作用，从而推动企业文化的有效落地。

及时激励并非单纯求快，它主要体现一种雷厉风行的作用和精神，而不能机械地理解成不差时日的时限。及时的前提在于激励的正确、明确和准确。如果激励事实失误、性质不准，及时不仅毫无意义，而且可能带来不良后果。一般说来，"赏不愈时"执行起来副作用较小，即使赏得不准，容易纠正，也不会造成严重后果，而"罚不迁列"一旦出错，则后果严重，有时甚至造成无法挽回的损失，如杀错了人，不可能起死回生。因此，激励执行及时的原则，并非为快而快，必须严格控制在实事求是和慎重衡量的前提之下。

及时和适度是互相联系、相辅相成的适度原则的核心，是激励和功罪相一致。励大于功或小于功、罚大于罪或小于罪都是不可取的。

只有适度下的及时和及时下的适度，才能最大限度地发挥激励的作用和效应。

凡事都有一个度的问题，掌握不好度，就有可能出现过犹不及或火候不到的结果，这二者都是我们在管理中所不愿看到的。激励适度原则主要应注意以下六点：一是不能无功而赏，无罪而罚；二是不能功大而小赏，罪大而小罚；三是不能功小而大赏，罪小而大罚；四是激励的数量不宜太多，也不宜太少；五是不能赏罪罚功；六是激励适度还得具体情况具体分析，不可机械地进行赏罚。

激励始终与奖励和惩罚联系在一起。奖功罚罪，自古以来，概莫能外。但如何掌握适度原则，就涉及领导者和领导者的艺术问题了。有的领导深谙奖惩之道，员工在他的领导下，意气风发，斗志昂扬，试问这样的企业怎么能不所向披靡呢？

如何掌握适度原则，也许我们可以从古代的贤君名将身上得到启发。

古人云：机不可失，时不我待。敏锐地觉察和巧妙地运用"时机"，果断从事，往往可以收到事半功倍之效；反之就会贻误大事，甚至酿成祸端。这一点在军事活动中表现得尤为明显。孙子兵法中就有"兵之情主速，乘人之不及"之说，这种兵贵神速的理论，至今仍被奉为圣典。不仅如此，在人类的高层次精神活动中，同样存在着某种"时机"，比如宋代大文豪苏东坡的著名诗句"作诗火急追之捕，情景一失永难摹"，就十分生动地描绘了文学创作中的"时机"现象。诸多社会活动中都存在一个时机问题，激励也不例外。

我们如此再三强调激励的及时原则，是因为激励的"时机"在具体把握上，是要与员工的获奖欲望最强烈的阶段相吻合，这样才能获得最佳的激励效益。从激励的奖励方面来说，美国名将马歇尔认为，对在战斗中表现突出的部队，应予以迅速表彰。他指示说，嘉奖可立即办好，向新闻界宣布；文书工作可随后办理。因为要求填写各种报表造成的时间延误，会使激励的价值减到最低限度。那种认为"有了成绩跑不了，年终算账晚不了"的想法和做法，往往使奖励本有的激励作用随时机的贻误而丧失，造成奖励走过场的结局。

企业是讲效益的，是追求效益最大化的，而人的业绩的最大化，本身就是企业效益最大化的基础。因而，领导者必须把握激励的及时原则，以使员工业绩最大化。这就需要领导者熟悉时机所具有的几个特点，以便能够随时随地识别并加以运用。一是时机具有隐蔽性。员工不可能把自己的全部欲求都暴露出来，往往会加以隐蔽，通过曲折途径和复杂多变的心理活动，反映到语言、行为、表情上，并为人所觉察。所以，要求领导者学会察言观色，洞察员工的心理。二是时机具有短暂性。人们的欲望，不是持久不变的，它必然随着人们需求的变更，社会价值观念的变化而改变。三是时机具有变易性。这一点与短时性有相通之处。比如，一个人在某一时期对物质奖励更为重视，当其家庭经济条件有了较大改善后，他的需要就会更多地转向精神即荣誉奖励。

根据时机的三个特点，领导者可以较为轻松和较为准确地把握好及时激励原则。但无论是及时原则，还是适度原则，领导者应辩证地加以统一，及时不适度，激励效果不会好，而适度不及时，激励失去应有的意义。因而，一个好的领导者应是运用及时和适度激励原则的高手。企业的领导者可以通过不断的实践，来把握及时适度的原则，从而提高领导能力，为企业创造更多的业绩作出贡献。

特殊激励技巧的运用

激励手段因人而异,激励方式的选择也有一定的环境,有时候常规激励手段不能生效时,采用特殊激励技巧也能取得好的效果。

1. 金钱

当我们在前面讨论胡萝卜和大棒时,金钱作为一种激励因素是永远也不能忽视的。无论采取工资的形式、计件工资(按一定质量水平生产的件数所取得的报酬)或任何其它鼓励性报酬、奖金、优先认股权、公司支付的保险金,或因做出成绩而给予人们做其它东西等形式,金钱总是重要的因素。而且,金钱往往有比金钱本身更多的价值,它也可能意味着地位或权力。

经济学家和绝大多数经理人倾向于把金钱放在高于其它激励因素的地位,而行为科学家则更倾向于把金钱放在次要地位。也许这两种看法都是不正确的。但如果要使金钱能够成为和应该成为一种激励因素,经理人则应当记住下面几件事。

第一,金钱,对那些在需要扶养一个家庭的人来说,要比那些已经"功成名就"、在金钱的需要方面已不再是那么迫切的人,要重要得多。金钱是获得最低生活标准的主要手段,显然这种最低标准随着人们日益富裕而有提高的趋势。例如,一个人过去曾满足于一套小住房和一辆廉价汽车,可能现在却要有一所又大又舒服的房子和一辆豪华的轿车才能使他得到同样的满足。即使在这些方面，我们也不能一概而论。对于某些人来说，金钱总是极端重要的，而对另外一些人可能从来就不那么重要。

第二，在大多数工商业和其它企事业单位中，金钱实际上是用来作为保持一个组织机构配备足够人员的手段，而并不是主要的激励因素；各种公司在他们的行业和他们的地区范围内使工资和奖金具有竞争性，从而达到吸引和挽留他们员工的目的。

第三，由于采取了确保一个公司内部各类主管人员薪金适当平衡的做法，金钱作为一种激励因素，往往多少有点减弱。

第四，如果要使金钱成为一种有效的激励因素，在各种职业中的人们，即使级别相当，但给予他们的薪水和奖金也必须能反映出他们个人的工作业绩。否则公司即使支付了奖金，对员工也不会有很大的激励。要保证金钱作为完成任务的报酬和奖励，就要尽可能根据业绩进行报偿。

只有当预期得到的报酬与目前个人收入相比差距较大时，才能起到激励作用。问题是，很多公司增加了工资和薪水，甚至支付了奖金，但没有达到激励这些接受者的目的。如果达不到足以使人感觉有相当大的差距，金钱便不会成为一种强有力的激励因素。

2. 参与

作为激励理论和研究的结果而受到强有力支持的一种方法，就是员工参与管理。这一方法日益得到人们的认可和运用，因此，让员工恰当地参与管理，既能激励员工，又能为公司的成功获得有价值的知识。

参与能满足归属感的需要和受人赞赏的需要，尤其是，它给人以

激励员工12策略

一种成就感。但是，鼓励员工参与管理不应该意味着主管人员削弱他们自己的职责。虽然他们鼓励下属人员参与一些对以后能有帮助的事情，虽然他们仔细地听取了下属的意见，但对那些需要他们来决策的事情，仍然必须由他们自己来决定。最好的下属人员不会以任何方式干预上级，并且几乎没有下属人员会对空洞乏味的上级产生尊敬。

3. 工作生活的质量

一种最有趣的激励方法是工作生活的质量计划，它是一种职务设计的系统方法，而且在工作丰富化的广阔园地里，很有希望发展。它同社会技术系统管理方法的基础结合在一起。工作生活的质量不仅是一种很广泛的工作丰富化的方法，也是一种内部纪律方面的探究与活动，结合着工业的和组织的心理学和社会学、工业工程、组织理论与发展、激励与领导理论以及工业关系等。虽然工作生活的质量的理论仅在20世纪70年代才崭露头角，但现在已有数以百计的安全研究和实践规划，在美国、英国等一些国家已经成立了许多工作生活的质量中心。

工作生活的质量已经从许多方面受到热烈的支持。主管人员认为它是处理生产停滞的一种很有前景的方法，特别在美国和欧洲更是如此。工人和工会代表们也认为它是改善工作条件和提高生产率的一种手段，并且是确定较高工资的一种恰当方法。工作生活的质量对政府机关也颇有吸引力，因为它可以作为提高生产率和降低通货膨胀的一种手段，并作为达到工业民主和使劳资争端减至最少程度的一种方法。

无疑，工作生活的质量具有相当可观的效益，所以传播得十分迅速，尤其在一些较大的公司更是如此。采用工作生活质量计划的先驱,如通用汽车公司、普罗克特-甘布尔公司、美国铝业和美国电话电报公司等都是这样一些管理良好的公司,这也就不足为奇了。

激励也要适度

有人以为强化组织的体制,激励越多越好,组织在充分的激励下,必将成长得更为健康。其实不尽然。任何一样东西,"过"都是不好的,激励,自然也不例外。

1. 其实你不懂我的心

春节前夕,某公司领导突然心血来潮,他指示总务部的小王,替每一位公司同仁准备一只烤鸭,并送到同仁家中,让大家都能过一个愉快的节日。他说:"今年公司经营得不错,春节嘛,大家要吃烤鸭,今年由公司请客啦!"

第二天早上,领导发现他办公室的门口摔着两只烤鸭。他既诧异又迷惑,便问小王到底是怎么回事。小王回答说:"他们俩嫌自己的烤鸭比别人的小,很生气,于是就……"

激励,简单的定义是:领导者给员工奖赏和实惠,让员工觉得满意而更努力工作;员工因工作努力而得到奖励——如此促成良性循环。

领导者有时不这么想。上面那位就认为:今天我心情不错,我来请客,每人一只烤鸭。反正是激励么,就是给员工一些好处,今天给

激励员工12策略

大家一只烤鸭,不是很好吗?——好是好,只是明天有人会把烤鸭摔在你办公室门口!

有时,领导者的想法太注重自己这一方了。他一厢情愿地认为,所谓激励就是自己任意给员工东西,而员工想要什么,那就不管了。在这一点上,做领导的人若不能彻底反省,激励这项工作是不可能做好的。

激励为什么要让员工满意呢?道理很简单,激励的"受者"是员工。对于"施者"赠送的东西,员工或认为不是他想要的,或比他想要的少,自然就不领情了。

2. 施者大方,受者实惠

只有得到了员工满意的回馈,员工才会因激励而更努力地工作,员工因工作努力被肯定而继续保持其工作热情,这是有正面意义的。如果将激励演变成领导者一人满意、广大员工不满意,那对企业来说就是得不偿失了。

如何做到"施者大方、受者实惠",这是身为领导必须要特别注意的。在平时,适时地给员工一个微笑、拍拍员工的肩膀……就是一种很好的激励手段。并非任何的激励都要大张旗鼓、兴师动众的。但是千万不要见到任何员工都露齿微笑,他们会以为你是白痴;若不论男女都拍肩膀,你可能会被指控为性骚扰。

有效的激励往往是出乎"受者"意料之外的,这一招汉高祖刘邦用得最多。有人来自荐,先不去理他,或一边洗脚一边见他。等到把对方惹毛了、气跑了或破口大骂时,再找人把他追回来,出乎意料,封他个司马或大将军。"受者"在失意之中,突然受到如此大的激励,此时此刻他诚惶诚恐,能不为刘邦卖命吗?

有效的激励常常是"受者"所不敢奢望的,在实务上这一招用得很多。如某甲一直想买一台除湿机,因为最近天气不好,雨下得很多,家里又有了小孩,除湿机便显得越发重要了。此时,领导者给某甲一项任务,限定时间完成。完成后,除报请公司奖励外,领导者另附加一台除湿机作为奖品。在这样的安排之下,某甲能不全力以赴吗?

激励的有效性,往往在于及时。当员工做得很好,或需要加倍努力才能完成任务时,给予一些激励是必要的。领导者不能为了自己高兴而随便给员工激励,应该是员工需要激励的时候,才给予。这样做,组织、领导者和员工三方都能受益,这才是一种正常合理的模式。

3. 给得好,不如给得巧

太早的激励,会让员工忘了他的责任和他必须努力的目标,有时甚至会带来一种误解,以为这种激励是很随便很轻易即可获得的,员工不需要做太多的努力和花太多的时间。这不但破坏了激励的初衷,也会误导员工,是不可取的。

太晚的激励,会让员工受到伤害,对公司及领导失去信心。他会想:这么努力工作、额外付出,竟然受不到上面的重视,得不到应有的激励,为何还要再努力?对领导者的公平、公正就失去了信心,于是在组织内部形成负面影响。最后激励虽然来了,但是负面的影响一时无法消除。对组织来说,姗姗来迟的激励也是不明智的。

有个骑骡子的人,一只手拿着胡萝卜,另一只手提着棒子,往前赶路。首先,他让骡子清楚地看到,胡萝卜就在面前(激励因素),只要骡子往前走就可吃到;如果不走呢,他就用棒子(惩罚因素)

打。于是骡子只得往前走,眼珠盯着胡萝卜,以为自己再走两步就可以吃到它。但是愈走愈不对劲,因为骡子在走,好像胡萝卜也在走……

正确的激励时机在哪儿呢?到了阶段性目的地时,就得松手,让胡萝卜掉下来,让骡子吃到它。否则,老玩这种看得着、吃不到的游戏,骡子也会罢工的!

领导者所要激励的员工,当然比骡子聪明不止百倍。首先,对激励因素的设定要明确,对完成工作的程度,要做适度的说明。其次,激励的时机要及时——只要员工一完成工作,马上给予实质激励。

4. 酸萝卜问题

激励一位员工,是简单的事。要同时激励两位或两位以上员工,问题就复杂了。员工正做比较的时候,他是以自己为中心的。当他发现自己的奖金比别人少时,第一反应是领导者偏心。为了证明他的假设是对的,便会千方百计寻找线索。不论是他以前曾听人说过,或是他自己联想,他会很容易地找到许多蛛丝马迹,来证明"领导者偏心"。最后在组织内造成的影响,这时就不只是激励是否公平的问题了,所有人际关系的负面因素会全面爆发:造谣、欺骗、背信、负义、济私……如洪水猛兽莫之能御。

有一次,某研究所发放奖金,最后决定每人增发一个月薪水,但一线技术人员另外加发20%。于是,行政人员大哗,他们认为:公司之所以赚钱是全体同仁之功,既然是发奖金,就应该一视同仁,不能厚此薄彼,技术人员另外加发20%是不合理的。他们便派代表去质问领导。领导以技术人员对组织的贡献大为说词,又强调这一决定是经理大会的共识,但这一解释不被行政员工代表接受。于是,那位领导

策略十　有效激励鼓舞团队士气

十分无奈："有很多事情，早在大学高考的时候就已经定下来了，为什么到现在还在吵？"（高考时，理科的分数比文科的分数平均略高20%左右。）

激励员工的众多方法，一般都趋向于与效益挂钩制。所谓发放奖金，按大家平时业绩区分等级，千万不要在分发奖金的时候，再来一通额外的评考绩、分优劣，这容易造成纠纷和争执。发放奖金的一番美意，演变成员工分赃不均的内讧，这自然不是组织、领导者及员工三者所愿意看到的。

5. 过犹不及

发奖金的时候，对一两个特别优秀的员工，如果真想给予重赏，你最好在私下进行，给他们大红包，或悄悄耳语给他一些升迁的承诺。此时你要再三地叮咛他，这件事不可外传。此人受宠若惊，日后自当加倍卖力。这种方法，很多企业领导经常采用。

激励本是有风险的，不当的激励给组织及员工所带来的伤害，往往大于无任何激励。但若无任何激励，员工又会抱怨，认为没有激励的工作，做起来会令人"不爽快"！激励是基于组织、领导者及员工三方面的需要，不可草率行事或受某些因素的影响临时决定。笔者不是反对激励，只是希望任何的激励行为，务必经过深思熟虑。

6. 要使员工有高绩效，还要有激励之外的东西

罗宾和李汉几年前一起大学毕业，都获得了小学教师的工作。他们在不同的学校担任一年级的老师。罗宾在工作一开始就遇到了很多困难：班上有38人之多、教室狭小昏暗、设备不够。李汉的处境却完全不同，他的班上只有15名学生，还有一个每周工作15小时的助教，一个明亮的现代化教室，足够的教学设备，每个学生都有一台计算

机，校长也高度支持他的工作。第一学年末，毫不奇怪，李汉被认为是比罗宾更优秀的教师。

这说明了，工作成功与否受支持性的工作环境的影响。不管一个员工多有干劲，如果没有一个支持性的工作环境，他的绩效必然会受到影响。

考查员工绩效常见的方法，是将其看成能力和绩效相互作用的函数，也就是说，绩效：f（能力×激励）。能力或激励不是都会使绩效受到负面的影响。这有助于解释为什么一个勤奋但能力一般的运动员，比另一个更有天赋但懒惰的对手成绩更好。但是，这忽略了绩效的一个重要方面。机会也应加到这个公式中去，即绩效=f（能力×激励×机会）。即使一个人愿意付出并且具有能力，也可能存在着妨碍绩效的不利因素。

当你试图找出为什么一个员工没有达到你认为应该达到的绩效水平时，应该检查一下工作环境，看是否支持了员工的工作。员工有足够的工具、设备、材料和供给吗？员工有良好的工作条件吗？是否具有乐于助人的同事、支持性的工作规则、决策需要的足够信息、做某项工作的充分时间等等。如果没有，绩效就会受影响。

激励方式要富于变化

为了加大激励的作用，使每一次激励都给员工带来新鲜感，领导要善于创造和运用多种多样的激励方式。现在的问题是，我们的激励方式太陈旧、太单调、太传统，几十年一贯制，最流行的还是发张奖状给点奖金，效果不太理想，员工兴奋不起来。

其实，只要领导开动脑筋，就会想出不少新颖的激励方式。如休假，组织优秀员工去旅游胜地休假，完成任务之后可在家全休等；给予适量自由，如某一科研单位规定，科研人员购买少量试验器材可以自己做决定，无须批准，科研人员实行弹性工作时间；特殊待遇，优秀员工可送去培训进修，每月增加图书补贴等；宣传，在内部报刊和电台上宣传优秀员工事迹，在厂宣传栏张贴优秀员工照片及表扬员工工作成绩的海报等；表彰，授予荣誉称号，颁发纪念品、证书、奖章，由领导亲自签署的贺信等。

领导可根据企业情况推出灵活多样的激励方式。一个企业为了克服员工迟到早退的毛病，规定连续一个月准时上班的员工就有资格参加一项中奖率4%的抽奖，6个月以上准时上班的，可以参加一项奖品是电视机的抽奖，结果效果很好。

许多国外的大企业都非常重视激励方式的新颖独特，力求给员工留下不可磨灭的印象。世界上最大的计算机公司美国IBM公司曾在新

激励员工12策略

泽西州体育场举行了一次员工庆祝大会，100名成绩优秀的员工像马拉松运动员一样，一个个从场外沿通道跑进广场，这时看台上巨大的电子记分牌分别打出每个人的名字，公司的总裁、部门经理，成千上万名员工家属热烈鼓掌，大声喝彩。想想这是多么壮观的景象，优秀员工永远不会忘掉这一激动人心的场面的。

美国最大的化妆品公司——玛丽·凯公司每年举行一次奖励晚会，8000名推销员沉醉在掌声、赞美中，从计算机到红色卡迪拉克小汽车的奖品中。数百名优秀的女推销员将在舞台上举行"红夹克"大游行，接受几千名同行的掌声和羡慕的目光，其中最优秀者将被封为"皇后"，接受总裁的花环、权杖、钻石戒指。玛丽·凯认为，对一个女人而言，她在同行们面前崭露头角，其意义比收到一个昂贵的邮寄礼物而没有任何人知道要大得多。

要想方式多样，倒不见得非得多花钱，花钱少照样可以创出新意。有家小企业条件不太好，年终奖给两名优秀员工的奖品一个是一套《资治通鉴》，一个是一付雅致的围棋。原来这两位员工一个爱看历史书，一个爱下围棋。他们非常愉快地接受了奖品，并称赞领导的体贴和关心。这和一些企业在生日时给员工送鲜花一样，花钱不多，格调高雅，形式新颖。

策略十一

通过授权激励

一项可以激励员工的综合策略是通过允许员工参与和自己以及自己工作相关的决策来给予员工更多的权力。授权涉及将管理者的一部分与员工工作相关的权力转移给员工本人的过程。当分享权力的时候员工能够体验到更高的自我效能,以及对于工作的更多拥有感。因此,也可以把授权看做是通过分享权力提高自我效能,进而达到激励效果的过程。管理者与团队成员分享权力可以让员工自我感觉更好,因此能提高内部激励,同时提高工作绩效。

授权的心理作用

授权比看起来要复杂得多。格蕾琴·施普赖策对于几项研究的分析显示,授权在四个心理层面产生作用,进而增强内部激励。

1. 工作意义:根据个人价值判断所得到的工作目的和价值。有意义的工作可以很好地将工作的要求与个人的信仰、价值观以及行为进行匹配。

2. 工作能力:自我效能,个人对于自己能够胜任某项工作任务的信心。

3. 自我管理:个人觉得可以在工作中自主采取必要的行动(就像内部激励理论所提到的那样)。

4. 个人影响:个人可以对工作的各种后果产生影响的程度。

授权通过影响上述四个心理层面,让员工对工作采取积极主动而非消极被动的态度,使得员工渴望并且能够重新塑造工作,扩展工作的内容,掌握工作的主动权。从这个角度来看,与其说授权是一种管理技巧,不如说它是员工对自己在组织中所扮演角色的一种看法。

员工授权在诸如联邦快递这样的服务型公司非常普遍。授权的主要形式是给予与客户接触的员工更多自主决策的权力。同时,公司也鼓励员工在工作中主动发挥想像力解决问题(比如如何满足客户不寻常的需要),而且对这一类行为给予奖励。联邦快递则授予员工权力在当地处理危机,这样他们就可以快速地做出反应。在"9·11"恐怖袭击以后,联邦快递优先将药品和医疗器械的包裹送到世贸中心,这样伤员可以在第一时间得到救治。稍后,管理层才研究如何处理那些将永远无法送达的包裹。

虽然员工被授予权力,但这仅仅是指在一定范围内员工有自行决策的权力,而且管理人员还会对员工给予应有的指导。比如,一个客户服务工作人员不能违反公司的规定制造健康和安全的威胁。在纽约市的一家酒店里,一位肩上盘着蟒蛇的女子想要开房入住。酒店有规定不允许携带宠物入住,这位女士则坚持蟒蛇不属于诸如猫、狗、鸟等普通宠物的范畴。酒店接待人员坚定地回答道:"对不起,我没有得到授权允许蟒蛇进入我们的酒店。"

一种被广泛运用的授权方式就是给工作团队更多管理自己的自由。工作团队是指对于完成工作负有全部责任的一小群人,他们会为了把任务完成得最好而进行自我管理。团队中的每一个成员都要负责许多不同种类的工作,这种工作环境与高度专业化的流水线工作环境完全不同。原来的许多管理职能都由团队自己承担,包括布置任务,解决质量问题,以及选拔、培训团队成员,并给予团队成员以工作支持。在过去的20年间,组织形式所发生的最重大的变化就是从传统的部门向工作团队的转变。

工作团队所产生的积极影响包括:提高生产率;充分发挥员工的聪明才智和创造力;降低跳槽率;在提高产品质量的同时提高工作生活质量。这些积极影响的产生多多少少都是因为成为一名团队成员可以有效提高激励效果。

全球电气巨人AES公司就是使用授权取得良好效果的一个绝佳例

子。公司大部分的经营决策由员工自主完成，公司的4万名员工被组成许许多多负责运营和维护的小型团队。每一个发电厂的经理指导5-20个团队。团队被授权可以对普通职责范围以外的工作进行决策。不妨让我们来看一个最极端的例子。有一次，一位维修人员负责电厂价值1300万美元的设备投资决策。这个员工已经通过自学掌握了如何进行投资决策的技巧，并且相当出色地完成了任务。

AES已经废除了在许多其它公司可以找到的层级组织结构，比如具有传统营销部门、人力资源部门的组织结构。每一位员工都掌握了许多不同种类的技能，并且对许多决策全权负责。公司总部的管理人员并不为公司做主要决策，他们只是需要的时候提出建议，并且鼓励团队完成任务。

授权的方法

管理者授权时注意责权统一的原则。授予人才一定的权力，必须使其负担相应的责任，有责无权不能有效地开展工作；反之，有权无责会导致不负责地滥用权力。

管理者在授权时要考虑两种因素：第一，要看公司规模的大小。公司规模越大，上层管理者与基层工作距离越远，需要处理的各种事务越多、越复杂，管理者就应把更多的具体权力授予熟悉情况的人才；授权范围应视管理者能够弄清问题并做出正确决策的范围而定。

第二，要看公司业务活动的性质。业务活动的专业性越强，管理者就越应授予负责该项业务活动的人以更大的权力，允许其在业务活动范围内做出决断，这是避免"外行管理内行"瞎指挥的一个重要措施。

在授权时，管理者还要考虑人才是否愿意接受权力和能否胜任指派的工作。有些下级并不总是欣然接受所授予的权力的。如果他们对问题本身不感兴趣，或者不愿意承担更多的责任，管理者也不必勉强。有的管理者担心人才把事情弄糟，在授权时常常犹豫不决，甚至宁愿自己动手去做，这样管理者就难以摆脱琐事的纠缠，而又使人才得不到锻炼。

当然管理者授权时还要考虑：哪些权力是必须保留而不下授的？一般说来，管理者至少要保留以下几种权力：事关公司前途的重大决策权；直接人才和关键部门的人事任免权；监督和协调各个人才工作的权力。这些权力均属于管理者本人工作范围内的职权，不宜下授。

管理者在权力授出之后，还必须加强对人才的检查和协调工作，以观察人才能否正确使用所授予的权力。管理者只要能掌握一套强有力的检查控制系统，运用行之有效的检查控制方法，就能保证人才各司其职、各尽其责，使各项工作得以高效地开展。

管理者授权除遵守一般原则外，还要掌握授权的方法，不同的方法会产生不同的效果。一般来说，授权的方法主要有以下几种：

1. 充分授权

充分授权是指管理者在向其人才分派职责的同时，并不明确赋予人才这样或那样的具体权力，而是让人才在本管理者权力许可的范围内自由发挥其主观能动性，自己拟定履行职责的行动方案。这样的授权方式虽然没有具体授权，但它几乎等于将管理者权力大部分下放给其人才。因此，充分授权方式的最显著优点是能使人才在履行职责的工作中实现自我，得到较大的满足，并能充分发挥人才的主观能动性和创造性。对于管理者而言，也能大大减少许多不必要的工作量。但这种形式，要求授权对象有较强的责任心，业务能力也应较强。

2. 不充分授权

不充分授权是指管理者向人才分派职责的同时，赋予其部分权限。根据所给人才权限的程度大小，不充分授权又可以分为几种具体情况：让人才了解情况后，由管理者做最后的决定；让人才提出所有可能的行动方案，由管理者最后抉择；让人才做出详细的行动计划，由管理者审批；让人才采取行动前及时报告管理者；人才采取行动后，将行动的结果报告管理者。不充分授权的形式比较常见，这种授权比较灵活，可因人、因事而异采取不同的具体方式，但它要求上下级之间必须确定所采取的具体授权方式。

3. 弹性授权

这是综合使用充分授权和不充分授权两种形式的一种混合的授权方式。它一般是根据工作的内容将下级履行职责的过程划分为若干个阶段，在不同的阶段采取不同的授权方式。这反映了一种动态授权的过程。这种授权形式，有较强的适应性。当工作条件、内容等发生了变化，管理者可及时调整授权方式以利于工作的顺利进行。但使用这一方式，要求上下级双方要及时协调，加强联系。

4. 制约授权

这种授权形式是指管理者将职责和权力同时指派和委任给不同的几个下级，以形成下级之间相互制约地履行他们的职责，如会计制度上的相互牵制原则。这种授权形式只适用于那些性质重要、容易出现

激励员工12策略

疏漏的工作。如果过多地采取制约授权，则会抑制下级的积极性，不利于提高管理工作的效率。

管理者授权给下级，既不是推卸责任或好逸恶劳，也不是强人所难。授权一般要遵循必要的原则，防止无限制的授权。

1. 授权要体现目的性

授权要以组织的目标为依据，分派职责和委任权力时都应围绕着组织的目标来进行，只有为实现组织目标所需的工作方能设立相应的职权。另外，授权本身要体现明确的目标：分派职责时要同时明确下级需做的工作是什么，达到的目标和标准是什么，对于达到目标的工作应如何奖励等。只有目标明确的授权，才能使下级明确自己所承担的责任。

2. 授权要做到权责相应

下级履行其职责必须要有相应的权力。责大于权，不利于激发下级的工作热情，即使处理职责范围内的问题，也需要层层请示，势必影响工作效率。权大于责，又可能会使下级不恰当地滥用权力，这最终会增加管理者管理和控制的难度。

3. 授权范围要明确

作为一个公司，会有多个部门，各部门都有其相应的权利和义务，管理者授权时，不可交叉委任权力，这样会导致部门间的相互干涉，甚至会造成内耗，形成不必要的浪费。

策略十一
通过授权激励

授权的五项基本原则

随着现代社会化生产的发展，管理者面临的各项事务纷繁复杂、千头万绪，任何管理者，即使是精力、智力超群的管理者也不可能独揽一切，授权是大势所趋，是明智之举，现在的问题是在授权中应遵循什么样的原则，从而实现授权的目的。授权的原则概括地看有以下几个方面：

1. 坚持合理授权的原则

这是指管理者授权的动机、程序、途径必须是正当的、合理的。从动机、目的看，是为了组织工作的需要，是为了提高管理工作的效能，是为了着眼于锻炼、培养干部，不是出自于自己的主观随意性，更不是搞任人惟亲、满足个人一己私利的行为，那样做的结果是滥用权力，是以权谋私。

2. 坚持逐级授权的原则

这是指管理者所授予下属的权力是管理者自身职务权力范围内的决策权，即管理者自身的权力。比如高级管理者只能将自己所享有的决策权授给直接管理的中层管理者，而不能把中层管理者所享有的权力授给中层管理者的下属，这样实质上就侵犯了自己的下属的合法权利，是越级授权，会造成下属有职无权，给自己的下属的工作造成被动，会造成自己的下属、自己的下属与他的下属之间的相互矛盾与隔阂。要避免管理者在授权过程中违反逐级授权的原则，管理者必须明确应授的权力与授权的对象是什么？要明确管理者作为整个组织的指挥者，不是组织中所有权力的拥有者，管理者所拥有的权力有一定范围，管理宽度是有一定的限制的。越级授权在专制时代是普遍存在的，在专制体制下，在统治者君主们看来，普天之下莫非王土，普天下之臣莫非王臣，所以一切一人说了算，授权没有任何节制，而是主观随意的。这种做法在分权的民主时代已不适合了，管理者与下属各自拥有自己的权力，因此，授权也必须符合组织原则，正常的权力运行机制，除非在极特殊、突发事件的处理上可以越级授权外，一般不得越级授权。

3. 坚持权责明确的原则

在管理者授权过程中，从权、责内容上看，有两种形式：授权授责与授权留责两种。前者如同分权一样，授权同时授责，权责一致；后者则不同，授权不授责，如果被授权者处理不当，发生的决策责任仍然由授权的管理者自己承担。这两种形式各有利弊，授权授责，被授权者有责任，就有压力，增强了运用权力的责任感，防止滥用所授予的权力；但也对被授权者在行使决策权进行的创造性活动中形成巨大的压力与精神负担，由于惧怕自己的失误给组织带来危害、影响自己的前途而不能充分行使其被授予的权力，影响了工作的效能。而授权留责，一方面可以使被授权者增强对管理者的信赖感，工作更放心、更放手，但同时也容易由无需顾及行为后果，而没有责任感、压力，以至于出现滥用权力，也达不到授权的目的。

在什么样的情况下授权，采取怎样的形式授权应具体分析。一般说来，基于锻炼培养干部、接班人的目的，或为了处理突发的危机事件时的授权，宜采取授权留责的形式。而其它情况下的授权以授权授责为宜。但是，这只是大致的划分，无论采取何种形式，授权活动在性质上是管理者行为，出现任何责任后果，管理者都有不可推卸的责任，应是责任的主要承担者。所以，在决策责任面前，管理者要多承担责任，坚持推功揽过的原则，有利于激发下属的主动性、创造性，有利于较好地树立管理者的权威。

4. 坚持适度授权的原则

所谓适度授权，就是指管理者授予下属的决策权力的大小、多少与被授权者的能力、与所要处理的事务相适应，授权不能过宽或过窄，要坚持视能授权与因事授权。如果授权过宽、过度，超过被授权者的能力所能承担的限度，会出现小材大用的情况，超过所处理事务的需要的过度授权，就等于管理者放弃了权力，导致下属的权力泛化，使管理者无端地被"架空"。授权过窄、不足，则不能充分调动下属的积极性，不能充分发挥其才能，出现大材小用；且也不能充分地代表管理者行使权力，处理相应的事务，还得事事请示汇报，管理者仍不能从繁杂的事务中解放出来，达不到授权的目的。

因此，适度授权就是要求管理者授权要精确、充分，它是建立在目标明确、事实清晰基础上的授权。然而目标、事实、环境条件都是不断变化的，对下属的能力、水平的估量的准确性也是相对的。因此，管理者在授权时要做到精确、充分是十分困难的。为此，管理者授权时要给下属以充分的余地，使下属有适当的灵活性、自主性，要有一定的弹性，使其有较大的自由去选择完成任务的具体方法和途径，甚至在目标、环境等要素发生变化后的特殊情况下有权自主选择目标。这就是《孙子兵法·变篇》中所说的，"将受命于君"与"君命有所不受"的关系，要处理好二者之间的关系，才能真正实现授权的目的，实现组织目标。为此，就要求管理者在授权的同时，应注意正确的方法，使被授权者有自主的选择性、灵活性。

一般说来，管理者在授权时，只明确作为被授权者所要完成的任务和组织目标，不规定实现任务、目标的途径和方法，并赋予被授权者在任务、目标变化之后有自主调整任务和目标的权力。对被授权者来说，一方面"将受命于君"，在目标、任务明确的前提下，采取相应的措施、办法，努力实现其目标与任务；另一方面，当目标、任务等要素发生变化之后，要敢于"君命有所不受"，机动灵活地进行相应的调整，而不是机械地执行"君命"，只要有利于整个组织的利益，而不是一己私利，就可以对"君命"有所不受。

为贯彻适度授权原则，管理者在授权时应注意精确性授权与模糊性授权相结合、刚性授权与柔性授权相结合，并以模糊性授权、柔性授权为主，使被授权者有较大的自由思考、决断的空间及充分的行动自由，并能"代替"上级管理者发号施令，这才符合授权的本意。

5. 坚持中控授权的原则

授权只是将管理者应当独享的权力授予被授权者行使的活动，管理者并不会因为授权而丧失其管理者的主体地位，并且是授权责任后果的最终承受者。因此，授权不是放任自流，撒手不管，不是放弃其职能，所以，授权时必须有办法确保权力得到恰当使用。控制的目的在于发现和纠正被授权者行使权力时偏离目标的现象，而不是干预他的日常行动。

策略十一 通过授权激励

授权会议应遵循五个步骤

方式一:"杰克,将这些人事调整报告以公函形式复印500份,发给各店铺经理。马上就给我去干。"

方式二:"杰克,公司的包销网络包括500个店铺,而我想尽快地通知各店铺经理有关公司的人事调整情况。我希望你能够处理这项工作,你能不能考虑一下,并且在半个小时之后和我进行讨论?"

杰克可能会让你大吃一惊。他可能会建议你同时把这即将复印的公司新闻通报备忘录也发给经理们;或者,他们认为唯一可行的方式是发给经理们500份的表格式信件;可能他不知道该如何完成这个任务。很好!你现在要有机会给他两件事:第一,给500个人传递信息,有很多种不同的方法;第二,你在授权他去做这份工作时会不断需要他的主意和帮助。

成功授权要做到:先计划好时间,以免将来浪费时间。或者说,与其以后你断抱怨,不如现在你将它们解释清楚。

你必须在授权会议开始前认真考虑整个授权过程,也要清楚了解:如果员工被授权从事这份工作,他们需要得到什么支持、资源甚至权力,同时应该预测员工们会遇到什么样的问题和困难。一旦你准备召开授权会议,请参考以下所列的五个步骤。

步骤一:表明目标

激励员工12策略

清楚地向被授权员工表达你要求达到的目标,只有在清晰的目标时你才开始行动。当你明确这些目标后,将它写下来,用最多不过20个字将项目目标陈述清楚,包括可衡量的成绩标准。如果你觉得写不下来,就重新分析这个授权,将它最小化和具体化。定期地让自己和员工反复重温这些目标。如果它是一个很小的任务,简单复查一两次就足够了。但为一个为期6个月的项目可能会需要每个月都进行复查,以确保这些目标仍然可行。

步骤二:设定时间表

如果被授权员工认为无法按期完成任务,在允许的情况下,你应和他一起制定出更可靠的时间表。允许员工制定他们自己的时间表比他们被动授权更好。如果被授权的人能够自行决定任务的时间安排,将使他们对面临的任务有更强的使命感。

但是,有时候,确实需要你来制定完成时限。要确保授权员工明白该项工作中有哪些任务应该优先处理,也要让他们明白不是你授权的每一件工作都必须先处理。当然明确时限是必要的,要避免像"任何时候你完成都行"和"那就下个月的某个时候吧"之类的表述。一定要建立一些汇报程序,以使自己能够监督工作进程。此外,还要建立必要的复查机制,这样做可以给被授权者一个关注日程中其它任务的机会。对于一个简单的任务,一两次复查就足够了。复杂任务则要求举行有具体议程的例会,以及制定整体任务进程中各分步的时限。告诉被授权者,如果没有充分的理由,所有的检查时间和最后完成时间是不能变更的。

步骤三:分配必要的权力

无论如何分配工作,你都应该给员工执行工作的足够权力,让每一个被授权员工了解你赋予了他权力,尽可能将你的员工介绍给与任务相关的人士,包括上司、同事和支持人员。你应明确被授权员工现在有足够的权力来完成这项任务,并且让他知道你期待他能够解决工作中的所有困难。

步骤四:明确责任分担

将一项任务完整地授权能够提高被授权者的兴趣和成就感。在每个授权中让自己对员工们充满信心。如果对某个员工没有信心你就不应该授权给他。明确被授权者以他任务所负的责任有助于两件事:一是让员工知道这已经是他们自己的事了,他们须对工作结果负责;二是给他们的工作形成了一种正面的压力和动力。因此,授权时你应该强调被授权员工可自由地做出与工作相关的决定。

步骤五:授权任务必须被彻底接受

被授权员工必须明确承诺接受分配的任务并将为之努力,你需要的不是被强加的接受,你同时需要他们对所设目标和完成时限的接受。或许你最好与被授权者一起将目标和时限记下来存档。

作为管理者,当你浏览了一个授权会议中所需要做的一切之后,你会明白为什么人们要花时间来认真面对它。当授权完毕,你应该确信,被授权员工应该明白以下几点:任务目标;完成时间;实施任务的权力;所负的责任;任务结果的验收方法。

如果你只是很随便地授权或布置一项任务,就等于告诉被授权者这项任务不是那么重要,即便事实上很重要。相反,如果你认真严肃地举行了一个授权会议,你就给员工们传递了一个信息:这项任务对我们很重要。被授权者因此可能会给你肯定的反馈,并且认真负责地来完成它。

激励员工12策略

授权后不要随意干涉

明智的管理者对授权的事情只决定个大概,其它细节部分则交给被授权人处理,这是一个让被授权人发挥能力的机会,而且,他们对工作细节的了解也比管理者多。

但是,有时当被授权人决定的事情已经开始有进展时,他的管理者又突然出面干涉,结果,一切都要等管理者裁决后才能运作。虽然他口头上说要把权力交给某人,但事实上,决定权还是在他手上。因此,管理者事先要和被授权人做好意见沟通,不能说好"都交给你",还要过分干涉。一旦说出这句话,就要有不随意干涉的觉悟,否则会让被授权人失去工作热忱。

管理者如果没有"委托"的自信,之后又想干涉的话,那么最好事事从头到尾都由自己决定。"委托"并不是件坏事,当自己决定将任务交给别人去做时,即使真有不满意的地方,也不能再发表意见。

当被授权人由于无法对付某个问题而感到苦恼时,身为管理者不妨以个人的经验提供给负责人一些方法,然而许多时候,情况往往在开始时便弄巧成拙;管理者虽然用温和的方式传达给被授权人,但是语气上却隐含命令的意味,那么被授权人表面上也许接受,心里却未必服气。

因此,这一点必须特别注意。要知道,当负责人因为不知如何做

策略十一 通过授权激励

而感到闷闷不乐的时候，管理者如果趁机在一旁干预，对于负责人而言，或许就意味着对他们不信任。

如果管理者硬是规定被授权人必须按照自己的方法去做，那么负责人除了服从以外，便毫无选择可言。其次，对被授权人而言，只要服从管理者的指示，自己根本不必花头脑思考，反倒轻松，何乐而不为呢？然而事实上，管理者直接端出了自己的方法，毕竟无法让被授权人真正学到工作的实际技巧。

如果管理者能够指出多种方法，让被授权人有机会加以思考，被授权人一方面会认为管理者是给自己面子，另一方面则将提高对管理者的信赖感。

此外，管理者在指导工作时，有时也可稍加改变说话的方法及语气。例如可先考虑对方的立场，让对方了解你的利益也就是他们的利益。如此指导工作就可事半功倍。

在交往中"讲话和谈话"并不困难，但是管理者要让对方理解则不容易，就是说，要让对方用耳倾听并不难，要让对方用心思考则不是易事。在教导他人时，必须认识此两者的差异，才能达到预期的效果。

当被授权人有过失时，无法将前述二者划分清楚的管理者，便会一味地想把自己的知识告诉对方。

有些管理者为了提高工作效率，往往希望以最简单的方式将知识传达给被授权人，而不让被授权人自己去思考。如此将无法培养出优秀的人才，这是管理者必须注意的。

人大多有较强的自尊心、成就感和荣誉感，有通过自己的努力去完成某项工作或某种事业的要求和愿望。因此，管理者应该充分信任他们，授权之后就放手让他们在职权范围内独立地处理问题，使他们有职有权，创造性地做好工作，对他们的工作除了进行一些必要的指导和检查，不要去指手画脚，随意干涉。

　　作为管理者，要想充分发挥被授权人工作的积极性和创造性，一方面要放权，使被授权人在一定范围内能自主决断；另一方面要设身处地地为被授权人着想，勇于承担被授权人工作中的失误，不能有了成绩是管理者有力，出了过失即被授权人无能；要言而有信，不能出尔反尔，言行不一，否则被授权人就会对管理者失去信任，管理者也会因此而丧失威信。

　　因此，管理者授权时，一定要注意，既然他有能力，就让他大胆发挥手中的权力，让他动脑筋当自己的主人；同时，他出现难题时，还要在恰当时候给予指点。

策略十二

灵活运用情感激励

员工的情感是一种亟待开发的人力资源，情感对员工的工作积极性以及人际关系、工作绩效具有重要的影响。成功的企业都非常关注员工情感上的细微变化，实施恰当的感情诱导，积极满足情感需求，努力增强企业的亲合力。

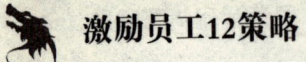 激励员工12策略

策略十二 灵活运用情感激励

走进员工心灵的广场

美国著名的管理学家托马斯·彼得斯曾大声疾呼：一边歧视和贬低你的员工，一边又期待他们去关心产量和不断提高产品质量，则无异于白日做梦！他建议把激发工作热情当成一个领导人的"硬素质"。提升管理人的标准应是：他们在没当领导之前，能在他们的同事中激发工作热情；当了领导之后，在他们的下属中，甚至是在其它部门的同级人员中，激发热情、热心与积极性。

通用电器公司的管理经验也表明：感情管理方式创造了员工与企业之间的相互信任，从而更有利于提高劳动生产率。

在企业中，员工的情感一般表现为认同或抗拒两种心理倾向。从正向情感而言，它包括员工崇高炽热的爱岗主义热情、对自己的企业及其岗位如醉如痴的深情、对企业各级组织和自己同事如亲如戚的亲情。所有这些构成了企业内部的感情血脉，对于企业各级工作的开展，都会起到一定的正向激励作用。当然，勿庸置疑，员工的逆向感情，诸如职业感情的弱化、上下级之间的感情隔阂、师徒之间的感情淡薄乃至家庭邻里之间的感情纠葛，都可能影响员工的情绪，耽误对企业的工作。

所谓情感管理，就是管理者以真挚的情感，增强管理者与员工之间的情感联系和思想沟通，满是员工的心理需求，形成和谐融洽的工作氛围的一种管理方式。情感管理是文化管理的主要内容，是一项重要的亲合工程。情感管理注重员工的内心世界，其核心是激发职场的正向情感，消除职场的消极情绪，通过情感的双向交流和沟通实现有效的管理。它是从内心深处来激发每个员工的内在潜力、主动性和创造精神，使他们能真正做到心情舒畅、不遗余力地为企业拓展新的优良业绩：这种情感力量是一种内在的自律性，它犹如一只"看不见的手"，可以深入到人的内心世界，有效地规范和引导员工的行为，使员工乐于工作，产生"士为知己者死"的心理效应：情感管理虽然是软性管理，但所激发的深层次的内在精神动力是相当巨大的。

情感管理的基本要求：

(1)热情热心、真挚待人。在情感管理中，管理者要有热心和诚心，"情"中带有亲切感。其实管理者与员工在情感上是紧密相联的。你出言不逊，他会怒目而视；你不冷不热，他就若即若离。这就需要管理者要对下属充满热情，以情感人，用深厚的、亲切的"情"与员工进行情感交流，只有这样才会打开员工的心扉，得到同情、谅解和支持，犹如春风化雨"润物细无声"。

誉满全球的"经营之神"松下幸之助，其一生能使松下公司从街道小厂发展成跨国大企业，在情感管理方面的确有其独到的创见。例如，他曾对公司领导提出要求：社长必须兼任为员工端茶的工作。在工作单位，上级为下级端茶，这似乎是不可思议的，然而松下却能做到这一点，这正是其可贵之处。端杯茶就行为本身而言是相当简单的，它虽然是一种微不足道的体贴和关心，但这种潜意识的沟通却能促进蕴藏员上心灵深处巨大潜能的释放。善于"端茶"的管理者，容易与员工形成轻松、亲密的人际关系、在精神上为员工提供愉悦的工

策略十二
灵活运用情感激励

作环境,从而让他们深切地体会到"企业爱我"而激发起"我爱企业"之情。只有这种发自内心的感情,才能保证员工敬业、乐业地从事创造工作,并时刻为企业着想,甚至甘愿为企业而牺牲个人利益,从而形成强大的凝聚力和团结向上的工作氛围,以此推动企业不断发展。

(2)互相理解、融洽亲情。劳伦斯·米勒建议要在公司内建立一种亲密感,他提出:"这种亲密感不是靠施予物质利益、由公司提供社会福利来使员工与公司互依互赖,这种亲密感要建立在相互尊重、彼此独立以及相互关切上。这种亲密感就像成熟的婚姻——既不会给人压迫感,又不会叫人觉得郁闷无聊。"只有相互尊重、相互关心,才能形成融洽的亲密关系。

海尔集团从1992年开始,在每月最后一日的晚上,都要为当月过生日的职工举办一次卡拉OK晚会,并规定每位过生日的职工届时可带四位亲属一同来参加,公司领导都会抽出时间到场,为过生日的职工一一祝福。那场面、那情景让人激动和陶醉。一位职工这样赞誉:"营造一个温馨的生日场面并不难,鲜花、蜡烛、蛋糕,足以烘托;而营造一个温馨的生日氛围,却不那么简单了,它需要人与人之间的默契、感情的交融。"在这种亲情包围的环境中,作为海尔一员能不感到自豪吗?

(3)关心生活、温暖心灵。人需要尊重,因为每个人都有自己的人格;人需要关爱,因为每个人都需要情谊。俗话说:"人非草木、孰能无情"、"感人心者、莫先乎情"。企业管理者在处理企业与员工的关系时,在日常的琐碎的生活中,如果恰如其分地将情感融入其中,可以大大缩小企业与员工的心理距离。建立良好的企业氛围,就

激励员工12策略

能提高员工的积极性,使企业在克服困难获得发展中赢得动力。

浙江欣喜服装厂经多方努力,争取到一批出口欧洲的刺绣服装任务,批量大、时间紧。现在的小企业能争取到出口的任务实属不易,于是厂领导接下这个任务,同时向职工讲明为了按时、按质、按量完成任务,任何人不得请假,除主要科室领导外,其余干部和二线人员一律分配到各车间跟班工作。厂长清楚此时对工人的任何动员都不及在情感上让员工们得到安慰更重要,于是他将5间办公室腾空,临时改为员工们的休息室,且在传达室旁边专设一室,允许员工家属或孩子来厂与员工小聚。此举保证了任务按时完成,欣喜服装厂受到外贸部门的称赞,随后,外贸部门又将一批出口服装的任务交给了该厂。

情感需要的满足、人情味的浓郁是组织凝聚力与向心力的源泉。情感因素是增强企业凝聚力的重要因素:在企业管理中,情感交流给人们提供了共同的表达方式和心理体验,它使每个员工都成为企业责任感和荣誉感的承担者;它能提高员工的情感调适能力,消除情感障碍,减少人际摩擦,形成和谐、奋进、具有凝聚力的人际环境。一些大公司的成功表明员工对企业有一种真正的忠诚感,企业具有强大的凝聚力。美国德尔塔公司在近来经济不太景气的情况下,却能取得良好绩效,要归因于"德尔塔家庭观"(Delta Family Feeling)。德尔塔公司能够避免裁员和支付员工高于竞争对手的工资,充分体现了这种家庭观的"粘合"作用。保持这种"家庭聚合效用",使得德尔塔公司在减少分红情况下却增强了员工的忠诚和奉献精神。

情感管理体现了人与人之间相互尊重、相互关心的人际关系,它以情感的疏导,达到尊重和信任;又如亲似家人般的关心体贴,达到情感上的共鸣。情感因素是培育亲密人际关系、创造健康企业心态

策略十二
灵活运用情感激励

的重要条件。它经常表现为归属感、认同感和支持感。当一些积极情感在企业内部得到公认并成为共同需要时，便能有效地控制成员的行为，取得心态的一致，建立相互和谐的人际关系。美国的沃尔玛公司总经理S·沃尔顿对员工非常关怀，由于他的坚持和努力，几乎所有的经理人员都采用镌有"我们关心我们的员工"字样的钮扣，公司员工都被称之为"合伙人"，而不是雇员。沃尔顿善于倾听员工的呼声，他认为，要使公司经营卓著，关键在于深入商店，听一听各个合伙人要讲的是什么，那些最妙的主意往往都是店员和伙计们想出来的。沃尔顿正是依据这种独特的看似形式主义，实则增进感情的管理方法，使企业成为一个业绩不凡的活性组织。

知识经济时代是一个软性因素占主导地位的时代，如果管理者一味地依赖指挥和控制是难以达到满意效果的。企业要有骄人的业绩，首先要让员工"感觉良好"、视自己为企业这个"大家庭"的一员。日本企业非常强调"板块意识"，强调管理的人情味，重视员工的"归属感"，一个企业就像一个大家庭，使企业成为"家"的放大体。在企业这个大家庭中，所有的人都被一视同仁，所有的家庭成员都有参与管理、参与决策的权力。这种"板块文化"是他们成功的秘诀。日本麦当劳除了关心员工之外，还与员工的家属建立了融洽的亲情关系；为了鼓励员工，他们还注意了另外一点——"抓住员工太太的心"。在员工太太生日的时候，麦当劳一定会向花店订束花，送给员工太太，也许一束花值不了多少钱，但在员工及太太眼中却是无价之宝。就员工来说，自己的太太这样被重视，自己能不高兴吗？工作能不卖力吗？

始终保留员工的个性空间

要想给员工提供归宿感，还必须在一定程度上允许员工张扬个性。人是有思想有感情的，每个人都有自己的个性，特别是那些才华横溢的人，往往个性更强一些，如果在工作中情感得不到释放，个性得不到张扬，个性遭到压抑，长此以往工作积极性会荡然无存。

发现个性的方法很多，最简单的方法就是在招聘时或在工作中仔细观察并将之与他人比较。个性即一个人特有的性格、作风，察其气观其行，则显而易见。

既然个性如此重要，那么如何保留个性、利用个性激励员工呢？

（1）安排工作时要适当考虑，从个人兴趣出发。

这是保留个性的第一步。从员工兴趣出发才能保障员工做自己喜欢的工作，再没有比兴趣更能调动一个人的积极性了，兴趣是最好的老师，也是激励的最佳办法。

（2）施加工作压力时注意结合个人意志和个性特点。

员工能否照自己意志做事，关系到上级的管理方法，上级将所有细节都一一指点，如果总是事必躬亲、亲力亲为，不知道放权，对员工的性情亦不加以注意，员工就会感到厌烦，产生消极心理。

（3）要懂得尊重员工的个人意见。

在工作中我们不难发现，许多才干出众的人，往往棱角分明，甚

策略十二
灵活运用情感激励

至恃才放旷，他们观点鲜明，不善于或不屑于小心翼翼地看别人的脸色，谨小慎微地左右周旋和曲意迎合，甚至有时候为了坚持意见会向领导发脾气，使领导"下不来台"。对于员工个性，我们要懂得尊重差异，同时也要让他扬长避短、趋利避害，加强引导，有效的管理者用人，是用人来成就事业，能为本单位的业绩做出贡献，看重的是绩效。

（4）用心去听。

有一位年轻人说："我们曾就休闲方式、加班制度向上司提出过意见，但上司毫无表示，2个月过后也不见回音，其实这件事不但是为工作人员着想，也是为公司好，上司怎么想我不知道，但由此看来，太热衷于工作实在划不来。"

（5）合理拒绝。

一口回绝不好，但对于下属的建议不理不睬，更是要不得。因此，最好的做法就是对于员工的意见和建议及时反馈，用与不用都要明白地告知理由，使下属心服口服，使其充满信心，这一点非常重要。

（6）保证言论自由。

若想提高生产力就须保障言论与行动上的自由。有些工作人员担心自己写了或说些什么会招致上司的责怪，对自己不利。倘或属下有这种观念，则提不出好建议。

（7）为获得良好的计策，就必须让部属在日常工作中有针对性。

与其让部属凭空幻想计谋，不如先让他们了解要点，再针对要点来策划。因为若能知道预想的重点，对于日常工作就大有帮助。

（8）勿妄求太大的计策。

激励员工12策略

若只重视大的计策而忽略小计策,则没有人愿意再提出方案。只因某人提不出大计策即认定他无法想出理想计策,那就大错特错了。

(9)欢迎棱角分明的人。

有效的管理者用人,是用人来成就事业,而不是为了讨自己所好,更不是为了达到某些不正当的私利。因此,他所用的只是有事业心并能同舟共济的人。有效管理者看重的是绩效,从某种意义上说,你之所以应聘担任领导、管理干部,就在于你有承受许多人发脾气的能力。

通过上述分析,我们可以这样说,尺有所短寸有所长,智者千虑必有一失。员工个性间要形成充分互补。在企业中,每个员工之间都存在着差异。对待同一件事情,每个员工的心理活动、行为反应等都会有所不同。这种差异就是个性的差异。在员工管理活动中,了解员工的个性差异将会对提高员工管理的水平有很大帮助。个性是相对稳定的。虽然员工有时在受到外界强烈刺激之后,作出与个性不符的行为;但在大多数情况下,员工的心理活动和行为模式是相对稳定的。随着时间的推移,员工的个性有可能会发生缓慢的变化,这种变化在短时间内是不易被察觉的,只有相处时间较长的员工(一年、两年甚至更长时间)才有可能会发现这种变化。个性具有共性和差异两个方面。每位员工都有与其它员工相同的地方和与众不同的地方。即便是两个个性很像的员工,他们之间的差异也是存在的。员工的个性差异为员工管理带来了挑战。

比如,同样是批评,不同的员工对批评的感受和行为反应是不同的,管理者如果要取得批评的最佳效果,就必须根据受批评的每位员工的不同个性特征,设计不同的批评方式。这样说起来可能有些言过

策略十二
灵活运用情感激励

其词,但许多优秀的管理者就是这样做的。

充分体察员工不同的个性特征,并根据个性特征采取不同的管理方式进行管理,已经成为许多优秀管理者的一种良好的管理习惯。

用情感管理留住人才

总的来说,人才流失是各种因素的综合作用所导致的结果,这些因素包括了组织制度、组织文化等组织方面的情况,同样包括了基于人才自身的发展需要的情况。但在这些繁杂的原因中,起到决定性作用的往往突出在某一方面,也就是说人才流失要么是组织的原因,即组织人事管理的原因,要么是人才自身的原因。但是,对于人才自身的原因导致人才流失也并不是毫无办法。据调查表明,基于人才自身发展需要等类似原因所导致的人才流失,其绝大部分也是因为组织没有提供相应的能够满足人才需求的条件或发展空间。这是问题的本质。

情感管理是针对人的各种不同需求给予不同的人文关怀,从而达到有效沟通,以管理者的真挚感情挽留人才的管理模式。这就形成一种因管理者的感情投入而获得人才爱心回馈的良性循环。而人才对管理者、组织的爱心,往往能起到有效地抑制其产生离去之心的作用。

在日本,企业人力资源管理一个显著的特点是注重人情味和感情投入,给予人才家庭式的情感抚慰。在《日本工业的秘密》一书中,

激励员工12策略

　　作者总结日本企业高经济效益的原因时指出，日本的企业仿佛就是一个大家庭，是一个娱乐场所。日本企业所追求的正是这种境界。日本著名企业家岛川三部曾自豪地说，我经营管理的最大本领就是把工作家庭化和娱乐化。索尼公司董事长盛田昭夫也说："一个日本公司最主要的使命，是培养它同雇员之间的关系，在公司创造一种家庭式情感，即经理人员和所有雇员同甘苦、共命运的情感。"

　　日本企业内部管理制度非常严格，但日本企业家深谙刚柔相济的道理。他们在严格执行管理制度的同时，又最大限度地尊重人才、善待人才、关心体贴人才的生活，如记住人才的生日、关心他们的婚丧嫁娶、促进他们成长和人格完善等。这种抚慰不仅针对人才本人，有时还惠及人才的家属，使家属也感受到企业这个大家庭的温暖。此外，日本大企业普遍实行内部福利制，让人才享受尽可能多的福利和服务，使其感受到企业家庭所给予的温情和照顾。在日本人才看来，企业不仅是靠劳动领取工资的场所，还是满足自己各种需要的温暖大家庭。企业和人才结成的不仅仅是利益共同体，还是情感共同体。因此，很难想像，生活在这样一个二体合一、充满温暖的大家庭中，背叛、离去之意何处之有呢？

　　日本三多利公司的董事长岛井信治郎对人才要求十分严格，部下们都十分敬畏他，但私下的却是一位对部下呵护有加的"多桑"（父亲）。

　　一天，岛井无意中听到店员抱怨说："房间里有臭虫，害得我们睡不好！"于是夜半时分，店里人都睡着后，他悄悄地拿着蜡烛，到房间柱子的裂缝里以及柜子间的空隙抓臭虫。公司一名人才的父亲去世，他带着公司同仁前去致意，并亲自站在签到处，向前来拜祭的人

策略十二
灵活运用情感激励

一一磕头。事后这名人才回忆说:"当时我感动不已,从那时起,就下定决心,为了管理者,即使牺牲性命,也在所不惜。"

像这样的例子不胜枚举。在国外,通常把以情感交流为主要内容的管理模式称之为"软管理",并且掀起了"软管理"的热潮。这正从一个侧面反映了其不可忽视的作用。相对于过去那种劳资对立、尊卑分明、等级森严及动辄惩罚人的"管、卡、压"的管理方式,"软管理"赢得更多的市场无疑是无法阻挡的趋势。

确实,情感是影响人们行为最直接的因素之一。组织和管理者要多关心人才的生活,敢于和勇于说真话、动真情、办实事。在满足人才物质需要的同时,要关心人才的精神生活和心理健康,提高一般人才和各类人才的情绪控制力和心理调节力。对于他们遇到的事业上的挫折、感情的波折、家庭的裂痕等各种"疑难病症",要给予及时"治疗"和疏导。要大力开展社会公德、职业道德和家庭美德教育,以建立起正常、良好、健康的人际关系、人我关系、个人与群众的关系,从而营造出一种相互信任、相互关心、相互体谅、相互支持、互敬互爱、团结融洽的同志氛围、朋友氛围、家庭氛围;以切实培养人们的生活能力和合作精神,增强人才对本单位的归属感。

而所有这些,都必须建立在对情感管理有一个深刻认识的基础上,并且,管理者应建立一套相应的情感管理制度,使其成为组织各管理人员必须奉行的行为准则。

情感管理并不是一件容易的事情,一般而言,若要使情感管理体现成效,你必须使情感管理的方式方法等各方面都规范化,这是一个原则性问题。

对情感管理的要求有以下几点:

激励员工12策略

1. 善待人才

善待人才是情感管理能否取得成效的保障。有很多企业,正是因为善待人才,使其积极性提高,更加勤奋地工作,而最终也扩大了组织的规模与实力。

例如:1996年5月,因为一件突发事件,安吉伯被任命为美国德州仪器公司首席执行官,短短三年时间,便使公司的营业收入增加了4～5倍,公司股票的市值则差不多增长了8倍,从90亿美元猛升到800亿美元。谈起自己的管理经验,安吉伯总结的一条就是"培育每一个人都成为管理者"。他说:"作为一个非常好的管理者,首先,要有清楚的战略,让每个人都知道你要去哪里,知道你的目标是什么,当然你要很好地与别人进行沟通;其次,要让别人追随你,相信你的策略,做一个有自信的管理者;第三,要建立你的执行能力。""作为首席执行官,面临的一个挑战就是继续发展自己组织的管理者阶层,要注意给他们一些不同的经验,来驱动人才做一些事情。一个首席执行官最重要的任务之一就是要让每一个人都成为管理者。"他同时认为,一家公司保持让自己不犯官僚倾向,是一件很重要的事情:"你要让人们去定自己的一个规则,你策略地去听,你可以指点一下方向,然后让人才去做自己想做的事情,不要规范他们,但要衡量他们的长期结果,他们必须取得结果,这是避免官僚的一个很有效的办法。"

2. 加强管理者自身的内在影响力

管理者对组织来说,其强大的影响力可以使人才紧紧地团结在他的周围,表现出强而有力的凝聚力。这样,全体人才自然会更加服从指挥,在管理者的作用下,齐心协力地朝着一个目标前进。

管理者由于其地位和责任而被赋予一定权力，但仅凭权力发号施令以权压人，是形不成凝聚力的，重要的是要靠个人的威望和内在的影响力等来令人心服，这样才会对人才形成一股强大的吸引力，在企业里起良好的引导作用，增强企业的凝聚力。

3. 明确合理的工作经营目标

有目标才有动力，目标正是激发人们共同协作，从而凝聚在一起的重要基础。当人们对目标有了共同的认识、共同的企望，就会形成坚强的组织和团队，团结奋进。

但是，目标需要加以分析，要达到明确、合理的要求。所谓明确，就是目标是具体、清晰的，并不是笼统的，使人看了不知何物；所谓合理，就是要求目标符合实际情况，通过一定的努力可以实现，而不是让人觉得是痴人说梦。另外，在情感管理中，要通过一定的沟通或理智的行动，让人才了解合理的经营目标或经营任务，从而形成组织的凝聚力，调动人才的积极性。

以上三点是情感管理要求的一个部分，另外，还有沟通、关怀以及构建良好的企业文化等方面的内容。

情感投资是回报最大的投资

每个人都不是仅仅围绕着物质利益而生活的,人才也不仅仅是为了金钱而工作的。对每一个人才而言,除了基本的物质需要外,还有获得情感的关怀和激励的需要。就管理者来说,要充分发挥人才的能力和作用,使人才尽职尽责,必须对人才进行感情投资。

有不少管理者常常会发出这样的感慨:真是时运不济,物色不到合适的人才,手下人一个个几乎都"低能",工作起来不仅毫无生气,而且毫无创见……事实上,任何组织中的成员不会全是"低能"者,其中必然有出类拔萃的人。

这是因为,人才的能力不可能一下子全部显现出来,需要一个逐步发挥的过程,这一过程是否会出现,取决于管理者是否对他们进行了卓有成效的感情投资。

张世伦是天津海河塑料厂的厂长。在他刚上任时,工厂里没有食堂,连一个厕所也是男女轮流使用。工人没有奖金,医药费没钱报销,厂长办公室连个椅子都没有。就是在这种情况下,他就职时并没有讲个人的任何困难,也没有给工厂描绘任何前景,而是讲职工的苦,并向全体职工深深地鞠了一躬。这以后,他本着一条原则:多做有助于增进和职工感情的事情。就是依靠与职工的这份感情,他很快把生产搞了上去。从张世伦的事例中我们可以看出:他的工作就是依

策略十二
灵活运用情感激励

靠感情这个酵母产生了叠加效应，通过感情的力量去鼓舞、激励人才。

可以肯定地说，人才的能力大小与管理者对他们的感情投资的多少是成正比的。为什么这么说呢？具体原因如下：

其一，管理者对人才的感情投资，可以有效地激发人才潜在的能力，使人才产生强大的使命感与奉献精神。得到了管理者的感情投资的人才，在内心深处会对管理者心存感激，认为管理者对自己有知遇之恩，因而"知恩图报"，愿意更加尽心尽力地工作。

其二，管理者对人才的感情投资，会使人才产生"归属感"，而这种"归属感"正是人才愿意充分发挥自己能力的重要源泉之一。

人人都不希望被排斥在管理者的视线之外，更不希望自己有朝一日会成为被炒的对象，如果得到了来自管理者的感情投资，人才的心理无疑会安稳、平静得多，从而更愿意付出自己的力量与智慧。

其三，管理者对人才的感情投资，可以有效激发人才的开拓意识和创新精神，鼓足勇气，不会"前怕狼后怕虎"，所以工作起来便无所担心。人的创新精神的发挥是有条件的，当人们心中存有疑虑时，便不敢创新，而是抱着"宁可不做，也不可做错"的心理，只求把分内的工作做好就行了。如果管理者能够对人才进行感情投资，建立的信任感、亲密感越充分，就会越有效地消除人才心中的各种疑虑和担心，从而更愿意把自己各方面的潜能都发挥出来。

一般来讲，管理者对下级进行感情投资不仅简便易行，而且有很多方法可以选择。

首选是用言语鼓励。言语是进行感情投资的重要方式，不仅简便易行，而且效果奇佳。这主要是因为管理者与人才分别处于不同的位置,而且人才人数众多,如果某位人才能够受到管理者的言语鼓励,则会在感情上掀起波澜,在心灵上产生振动。

当然,言语鼓励并非可以随时随地进行的,也须看时间和场合,管理者最好在以下时刻给予言语鼓励:

某人辛辛苦苦完成某项工作,交差时如果管理者反应平平,态度冷淡,那么他就会感到受到伤害,并在心里说:"以后再也不会如此卖力了。"相反,如果管理者在此时表扬他几句贴心的话,表示出对他的理解,并鼓励他以后好好干,则结果完全相反,此人会因此而认为管理者重视自己,对自己的努力心中有数。即使管理者在评价中提出某些修改的意见,他也会虚心接受,以后更会为你、为企业发奋工作。

无论什么样的工作,碰到困难都是在所难免的。每当此时管理者就应该对其表示理解和支持,而不是批评和嘲讽,只有这样才能鼓舞起人才的勇气,使其努力克服困难,完成工作。

所以,管理者如果能够适时适地地给人才以言语鼓励,就能拉近与人才的距离,激发其干劲和热情。当然,管理者如果对人才的家庭生活和个人困难再表示一下关心的话,可能会收到更好的效果,这当然也是言语感情投资的一项重要内容。

言语感情投资比较有效,但有时又难以取得预期的效果,这时候就需要"以资鼓励",顾名思义,就是用利益来驱动人才更加勤奋地工作。

常言道:"利之所在,趋之若鹜","重赏之下,必有勇夫"。利益是刺激人、鼓舞人、推动人的有效工具。每个人要生存,首先必须有物质生活的满足。因此,利欲之心,人皆有之,也本属正常的事情。特别在现代社会，人们对物质利益的追求越来越实际。人才在管理者手下工作，很大部分就在于获得较为丰厚的物质利益。这说明，精神方面的鼓励尽管对人才而言不可缺少，而物质利益方面的满足也很重要。因此，管理者对人才这种感情投资的另一个重要的方式便是"以资鼓励"。

以情动人

一位企业家曾经讲过一句话："管理控制确实需要条条框框，但第一条规定应是尊重员工，如果把第一条规定做好了，一切就好办了。"换句话说，管理者要管好员工，就必须尊重员工，懂得尊重员工是管理者的一种重要素质。那么，如何尊重员工呢？这里有以下几点建议：

1. 尊重人才

很多杰出的管理者主张尊重人才。正如前面所说的，在你的想像中，应该看到每个人都挂着一块大标语牌："让我感到重要"。

在奥斯特利兹战役开始的前夕，拿破仑巡视全军，自一处营火堆走到另一处营火堆。每当他停下来，官兵们都上来围住他。拿破仑和他们谈笑，并为他们的忠贞不贰表示感谢。他向士兵们保证明天这一仗一定会获胜，并说明他已经准备好了医疗急救，一旦有人受伤，绝对会立即受到照顾。

"答应我们，"一位老兵朝他高喊，"你自己要远离炮火！"

"我会的，"拿破仑满脸感激的回答说，"我会留在预备队中，直到你们需要我的时候。"

作为企业的管理者，想获得人才的尊重，想让人才认可管理者才能，那么就得遵循一条准则，这条准则就是："尊重他人的优点。"假如重视这条准则，那么将能有效避免陷进困难的境地。无数的事例证明：谁遵循这条准则，谁将有众多的朋友并始终感到幸福；谁若违反这条准则，谁就会遭受挫折。

尊重他人就是宽恕他人的缺点，作为企业的管理者，应该虚怀若谷，海纳百川，尊重别人，最后获得别人的尊重。

要让一个人尊重他人，是一件很不容易的事。因为每一个人都认为自己比别人高明。解决这种症结的方法是要让他明白，承认他在这个世界上的优势，并且是真诚地承认，这样就会有打开他心扉的可靠钥匙。

我们不要老是去责怪别人，要试着努力去发现别人身上的优点。管理者要试着了解人才为什么会这样做或那样做。这比批评更有益处，也更有意义；而这也孕育了同情、容忍以及仁慈。全然了解，就是全然宽恕。正如美国人詹森博士所说的："不到世界末日，上帝也不会审判别人。"

对于别人的优点，爱迪生的态度是："我遇到的每一个人都在各方面超过了我。我努力在这方面向他学习。"

同理，由于每天都忙于整个企业的运作及管理工作，无暇顾及家庭，如果想让家庭生活每天都过得幸福，任何时候也不要责怪妻子不太会操持家务，同时也不要把她不擅于做的某项家务同其它人作比

策略十二
灵活运用情感激励

较。相反,你要善于夸奖妻子,即使把饭偶尔烧糊了也没有什么关系。

2. 以诚相待

人才是人之精华,因此,人才是难得的,尤其是白手起家而社会关系不足的条件下更是如此。对人才的吸引力,主要表现为待人以诚。这个"诚"字体现在很多方面,对自己孜孜以求的人才保持耐心,始终不温不火,以礼相待,相信总有一天会攻克对方心中的壁垒。

美国一家汽车轮胎公司的经理肯特先生,有一次在一家酒店饮酒,无意中碰着了一位喝得酩酊大醉的青年人,因而惹起了这位醉汉的借酒撒疯,对肯特大打出手。因为酒店管理者的劝阻,肯特才得以脱身。

事后,肯特从店主人那里得知,这位青年就在附近一家工厂工作,时常去他那里酗酒。据说,他发明了一种能增加轮胎强度的方法,而且申请了专利。但他找了好几家生产汽车轮胎的厂商,想把这项专利卖给他们,都碰了壁,而且被他们视为异想天开,所以,他感到怀才不遇,整日郁郁寡欢,来这里借酒消愁。

肯特知道这些情况后,对这位青年对他的不恭毫不介意,决定聘请他来自己公司做事。

一天早晨,他在工厂的门口等到了这位青年,但青年人却心灰意冷,不愿向任何人谈起他的发明之事,他也不理肯特,径自进工厂干活去了。

但是,肯特却一直等在工厂的大门口。

肯特从早上8点一直等到下午6点。这时,那位青年人才走出厂

激励员工12策略

门,没想到这回他一见肯特的面,便爽快地答应了与他合作的要求。原来吃午饭时,那位青年人出来看到肯特等在门口,便转身回去了。但后来,他知道肯特一天不吃不喝,在寒风中等了近10个小时之久,他终于动心了。

肯特正是求得了这位青年人后,才推出了新的汽车轮胎产品。

3. 施以恩惠

德鲁克曾在《哈佛商业评论》1993年春季期刊的一篇访谈中,告诉管理者:"必须学习如何在无权下达命令的状况中管理事情,既不受制于人,也不控制他人。过去100年来的传统组织,其骨架或内部结构乃是阶层和权力的结合,但新兴企业组织,则必然以相互体谅与共同责任为骨架。"

在新兴的企业组织中,优秀的雇主更能懂得如何体谅和尊重员工,肯定员工的成绩,尊重员工的劳动成果,体谅员工的辛劳和困难,这是能充分体现雇主对雇员的信赖,同时也让员工有机会展示他们最好的成绩,发挥他们的潜能,做到最好。

对于企业而言,每一个员工都在以不同的方式在管理者的引导下为企业作贡献,尽管在很多情况下不是员工自发的,但是企业领导必须在关注企业效益和客户发展的过程中,重视员工的价值。

惠普的前总裁大卫。伯克德得知公司有一位患肺结核的员工,在两年的病假当中严重的影响了家庭生活,尽管公司已经在财务上给予了这个员工最大的帮助,但仍然无济于事,于是大卫决定为此设立重大疾病医疗保险,以保障员工及其家属的医疗待遇。大卫的这种举措在那个年代里还是尚未开启的,但是此举却为惠普后期的管理赢得了更多的成就。

策略十二
灵活运用情感激励

戴尔公司董事长戴尔先生说:"据我所知,要建立或维持一种健康的、有竞争力的文化,最简单也是最好的方法,就是目标统一,策略一致,与公司员工成为并肩作战的伙伴。"

一个企业就如同一支球队,每一个球员都有为企业发展贡献才智和能力的责任和机会,无论是场外的教练,还是紧捆袖标的队长,每一个队员都是他们前进中的伙伴。2006年的世界杯让笔者伤感的是巴西和阿根廷两支球队相继无缘4强,年轻的德国球队也在1/4对决中被意大利球队险胜,我们不得不在黄建翔的感叹中接受意大利再度崛起,意大利球队每个球员都在努力为大力神奖杯拼争,而无缘奖杯的球队中的每一个队员也同样付出了艰苦的拼搏。

让员工成为领导的伙伴,老板不在也同样努力工作,这同时也意味着让员工有权力和义务以老板的思维和角度考虑公司的发展问题,树立员工的主人翁意识,让企业的发展和每一个员工都息息相关。

戴尔说,听到全公司上下都在热烈讨论盈亏和资产负债表,讨论和思考公司的投资资本回报,而且在决策时也会以这些讨论的结果为标准,是很有意思的事情。

公司属于员工。

"在优秀的企业里工作,你会感觉整个公司都是你的,你乐意为此奋斗,这种感觉是那样的妙不可言。"也许很多职业经理人都有这种畅想,这也正是优秀雇主应该营造的品牌文化氛围。

让员工拥有知识、能力和权限,可以他们放手去做他们最擅长的事情,让每一位员工都有一种老板的心态,必然能够创造良好的市场业绩,并在最大程度上降低管理成本。

4. 用好感赢得人心的方法

第一，增加休假日，可以取得年轻人的好感。

一项调查证明，年轻人最希望就职的企业，首先是能够充分运用自己的专业知识，也就是可以施展才华的企业；其次就是休假日多一些的企业。对于休假日，年轻人普遍认为："星期六、星期日休息的周休二日制是绝对条件，其次是法定节假日也不能少。"

第二，既往不咎，可以获得旧敌的好感。

东晋十六国时，后凉的吕纂发动了一次政变，战斗中差一点被齐从砍下脑袋。吕纂夺得政权后却对齐从非常信任。一次，吕纂开玩笑地问齐从："你砍我那一刀时，为什么那么凶狠？"齐从说："陛下虽说应天顺人，可我当时并没想到这一点。那时我只恐杀您不死，那一刀砍下去还说不上凶狠呢。"没想到吕纂是应天顺人，那自然以为吕纂是大逆不道，杀大逆不道又有什么错呢？按照这样一个逻辑推论，吕纂不计前嫌疑是有远见卓识的。

第三，鼓舞士气，可以获得人才的好感。

作为管理者，要能体现对人才的真诚的善意与赞许，一般礼仪必然要讲究，但仅只如此，还不能让人才感到满意。他们在组织内的活动须依赖上级的赞许。因此，要特别关注人才，与他们聊聊他们的家人或下班后的一些活动，让他们知道上级十分关心他们，并非把他们看成企业机器里的小零件而已。

我们知道，言行要前后一致，言行不一致的上级，会让人才产生不安全感。当然，环境改变后，行为的方式有时也必须跟着改变，以符合实际需要。假如遇到有些状况不得不改变的时候，管理人员一定要让人才了解改变的原因及改变的情形。

要鼓舞士气，还要力求公平。因为若想增进人才的合作精神，公平十分重要。偏心的管理者很难赢得人才的合作。而善于鼓舞士气的管理者，则往往能赢得人才的好感。

与人才保持情感联络

要知道没有一个人愿意被蒙在鼓里，对企业运作一无所知，而成为企业的局外人，人才都渴望与公司高层保持一种经常性的交流，能够在第一时间精确地了解企业经营动向和决策，真正参与到企业中来。这就要求企业的内部管理需要更加开放、透明，建立顺畅的内部沟通渠道，重要的是，形成规范的、有章可循的"以制度管人，而非人管人"的管理制度，增加内部管理的公平性。

当1955年《财富》开始推出"世界500强"排名时，没人能够想到，一家零售企业会在连续数年排名《财富》杂志世界500强企业榜首，这就是全球零售巨头沃尔玛。

从小镇起家到令世人瞩目的零售帝国，这个神话的成功缔造有很多因素，其中，善于和人才进行交流合作可算是一项非常重要的内容。

沃尔玛公司把信息共享看做是公司力量的新的源泉。它也是"合伙人"思想的重要组成部分。公司经理人员办公会议经常邀请一些有真正能改进商店经营的想法的人才来和大家分享他的心得。这些做法激励人才们参与公司管理，使人才们真正感觉到自己是"合伙人"。

激励员工12策略

例如公司经常邀请那些能想出节省金钱办法的人才参加经理会议，从他们的构想中每年可以节约800万美元左右。

沃尔玛公司认为，让所有人才共同掌握公司的业务指标，并让他们了解业务的进展情况，分享信息和分担责任是任何合伙关系的核心。它使人才产生责任感和参与感，意识到自己的工作在公司的重要性，觉得自己得到了公司的尊重和信任，他们会努力争取更好的成绩。

信息共享是使人才最大限度地做好其本职工作的重要途径。在任何一个沃尔玛商店里，都会公布该店的利润、进货、销售和减价的情况，并且不只是向经理及其助理们公布，而且向每个人才、计时工和兼职人才公布各种信息，鼓励他们争取更好的成绩。山姆·沃尔顿曾说："当我看到某个部门经理自豪地向我汇报他的各个指标情况，并告诉我他位居公司第五名，并打算在下一年度夺取第一名时，没有什么比这更令人欣慰的了。如果我们的管理者真正致力于把买卖商品并获得利润的激情灌输给每一位人才和合伙人，那么我们就拥有势不可挡的力量。"

每次股东大会结束后，山姆·沃尔顿都会和他的得力干将一起邀请所有出席会议的人才(约2500人)到自己的家中举办野餐会，在野餐会上与众多人才聊天，大家一起畅所欲言，讨论公司的现在和未来。通过这种场合，山姆·沃尔顿可以了解到各个商店的经营情况，如果听到不好的消息，他会在随后的一两个星期内去视察一下。股东会结束后，被邀请的人才和未参加会议的人才都会看到会议的录像，并且公司的报纸《沃尔玛世界》也会刊登关于股东会的详细报道，让每个人都有机会了解会议的真实情况。山姆·沃尔顿说："我们希望这种

策略十二
灵活运用情感激励

会议能使我们团结得更紧密，使大家亲如一家，为共同的利益而奋斗。"

有效地沟通必须选择最佳的沟通时间和沟通形式以及选择最适当的沟通技巧。

一般来说，工作期间的沟通远不如休息时间的沟通效果好。休息时间，必须是人为制造出来的，如企业组织的活动。

除了企业组织的活动，其它如下棋、聚餐等也是一样的，想要多了解人才，这些机会是绝对不可错过的。只可惜，多数的管理者志不在此，不愿意牺牲时间和人才亲近，他们多半自顾自地打麻将、打高尔夫球去了。

在很多公司，普通的员工很难见到高管领导，更不用说去和他们面对面的沟通。而对于很多普通员工来说，他们很想有机会来向高层领导表达自己的想法，所以我们看到很多员工通过公司公布的董事长信箱和E-mail去表达自己，但是却很少有面对面沟通的机会。

有效沟通对一个企业非常重要。有效沟通是在塑造雇主品牌内部形象的一个过程，让品牌资讯通过适当的管道在整个组织内通畅的流动，实现全体成员的共享，并让每一个员工都能在沟通中获益，缓解员工情绪，发现组织管理问题，有利于企业规避管理危机。

我们的国家领导人就比较善于通过沟通传递体贴民众的形象，五一劳动节视察工厂，慰问青年优秀工人；国庆节检阅军队，和普通军人握握手；春节期间慰问普通的困难家庭，带去国家高层领导的温暖，如此等等。这是都应该是企业高管应该向国家领导人学习的管理国家的方法，这是最适合的最好的中国式管理方法。

韦尔奇提倡有效的沟通，提倡和员工亲密接触，他至少一半的时间花在与员工相处上，至少能叫出1000名通用电气员工的名字，知道他们的职责和工作，认识他们并和他们讨论问题。韦尔奇非常善于运用这种无处不在的沟通，并形成促进员工工作热情的力量。

GE动力系统的商务经理约翰说："我一点也感觉不到和韦尔奇有距离，这是你与CEO之间没有任何阻隔的交流，你会随时收到韦尔奇的E-mail.每个通用电气员工都曾收到韦尔奇电子签名的E-mail而惊喜，但后来会感到很自然，因为他会经常把对公司的看法直接告诉你。"

这就是卓越雇主品牌的魅力，他让每一个员工感受自然的沟通，每一个员工都是他的伙伴和同盟，随时向员工表达他对公司的态度。这是国内很多企业领导需要快速学习和改进的管理方法。

从这个角度来看，也许管理就是这么简单。

一个优秀的管理人员应当知道在什么时候与人沟通以及采取何种方式与人沟通。通常情况下，应该注意以下技巧：

(1)当人才处于低潮或特别脆弱，容易陷于精神崩溃的状态时，要及时抚慰。

(2)当人才的体力、脑力和精神状态都无法和正常情况相比时，他们需要适时适度的激励。

(3)把已经完成的工作结果或是自己的工作设想摆在他面前，诚心诚意地听一听他的评判，这将对他极其有益。

(4)可以利用闲聊的时候（最好是只有你们两个人）把你自己处于低谷时的情形讲给他听，对他说这种情形对谁都在所难免。

(5)对失败的人才仍要把一些工作交给他去做，否则他会觉得你已丧失对他的信任，这将伤害他的自尊心。你可以不去催他完成这些工作,你要告诉他时间还很充裕,但要告诉他如果他在某个时间段以后,还不能把你交给的工作完成,那么他将会面临减薪或被解雇的处罚。